APERÇU

DE LA

SITUATION DE LA FRANCE

A LA FIN

DE LA SESSION DES CHAMBRES

AU MOIS DE MAI 1816.

PAR EMMANUEL D'HARCOURT.

PARIS.

LE NORMANT, IMPRIMEUR-LIBRAIRE.

1816.

IMPRIMERIE DE LE NORMANT, RUE DE SEINE.

Je n'ai pas la volonté de suivre les événemens : je me borne à présenter au lecteur la situation de la France telle que je la comprenois au mois de mai 1816. L'affaire de Grenoble et la formation d'une nouvelle Chambre des Députés sont deux événemens très-remarquables survenus depuis l'époque dont je me suis proposé l'examen, et qui, par conséquent, ne doivent influer en rien sur mes observations. — Mes idées paroîtront déjà vieillies ; mais le désir de défendre à ma manière mes opinions politiques me fait espérer que j'aurai rencontré quelques vérités bonnes en

tout temps, et que mes lecteurs sérieux, en faveur de leur utilité, ne
me sauront pas mauvais gré de cet
essai.

APERÇU

DE LA

SITUATION DE LA FRANCE

A LA FIN

DE LA SESSION DES CHAMBRES

AU MOIS DE MAI 1816.

Au moment où l'état de nos finances est l'objet de notre plus active sollicitude, rien de ce qui tend à relever notre crédit public ne doit être dédaigné, et sans doute un examen calme et réfléchi de notre attitude présente ne peut que tourner à l'avantage général, puisque si notre situation est favorable, nous pourrons vivre dans la confiance, et que si l'avenir nous offre des dangers, les bien connoître est un moyen de les éviter ou du moins de diminuer l'effet de leurs ravages.

C'est dans ce but que je vais essayer de me rendre compte de notre état social et politique, et de bien établir, s'il se peut, l'opinion que l'on doit porter du temps présent et de notre prospérité future.

Si la sécurité des Etats ne se composoit que de la félicité des individus, on ne pourroit nier que la situation de la France ne fût désespérante. Tant de malheurs successifs ont atteint les Français, qu'une bien foible partie de la nation peut ne pas avoir à se plaindre de son sort présent. Une révolution inouïe, une tyrannie avilissante, une révolte militaire désastreuse et deux invasions étrangères, et telles que l'histoire offre à peine des faits aussi gigantesques, ont laissé sans doute parmi nous de profondes traces de leurs désordres; mais ces malheurs passés, doivent-ils prolonger leurs ravages ? Parce que la France a éprouvé sans doute la succession la plus complète de tous les désastres qui peuvent affliger une nation, ne doit-elle jamais compter sur quelque repos ?

Stabilité du gouvernement.

Le gouvernement est-il stable ? voilà le premier point à établir. De là dérivera le plus ou le moins grand espoir de notre avenir. — Il faut des élémens pour détruire un trône, comme il faut des élémens pour le consolider. — Un monarque sans forces à lui, sans institutions analogues à la monarchie, en butte au flottement d'une opinion publique que ses agens laissent incertaine, ne peut sans doute opposer des efforts suffisans au choc réel qui doit frapper la base de sa puissance. — Le ministère de 1814, toujours jouet du moment, toujours dupe des partis qu'il croyoit amalgamer, ne fit pas réflexion qu'un roi n'est pas roi seulement par ses droits légitimes ou par l'affection de la saine partie de ses peuples ; mais qu'il faut encore que sa puissance soit consolidée par une force respectable et en proportion avec les périls de la monarchie. — On ne peut penser sans étonnement que presqu'une année entière se soit écoulée au milieu des troubles les plus apparens et des agitateurs les plus à découvert, sans qu'il ait été sérieusement question de former une garde d'infanterie pour la personne du roi.

Il résulte de l'appareil qui entoure le monarque une sorte de respect qui ne sert pas peu dans les temps d'agitation à fixer l'amour des hommes timides, et à décider le vœu des indifférens. — La réunion sous des officiers choisis de plusieurs milliers de vieux soldats, sur l'esprit desquels on auroit pu même élever quelques doutes, n'auroit cependant pas laissé de tenir en effroi ceux qui regardoient d'où venoit la fortune ; car il faut en

Force du trône.

convenir, Buonaparte à son retour avoit un grand avantage : personne n'avoit peur du roi.

Mais si le trône eût paru de force à résister à la secousse qui le menaçoit; si la puissance effective du monarque eût rassuré le manque de confiance, eût effrayé la trahison, peut-être ceux qui firent triompher Buonaparte eussent-ils été ceux qui l'auroient perdu. — Aujourd'hui l'attitude de la royauté sans doute est bien différente : les élémens qui devoient être la force du trône se sont épurés. Des hommes sûrs et d'une conduite éprouvée guident une garde de vingt mille hommes, heureuse de protéger enfin une puissance paternelle, et le droit du plus fort se trouve joint désormais aux droits de la légitimité.

Les craintes de troubles civils sont imaginaires. Mais en même temps que le trône est devenu formidable, que sont devenus les élémens qui le menaçoient? Ce n'est point par des discussions oiseuses ou par des intérêts éventuels qu'un gouvernement se détruit. Ce n'est que par une force active et mobile que la disposition des esprits agit finalement contre le pouvoir qu'elle attaque. Le 6 octobre, le 10 août, le 18 brumaire, le 20 mars, ne se sont point effectués par la simple spéculation des factieux. — Des corps organisés, des réputations alors marquantes étoient un centre de confiance, un principe d'action ! — Rien de tout cela n'existe aujourd'hui. Tout ce qui est réuni se trouve dans la main de loyaux serviteurs du roi, et toutes les réputations indépendantes de lui sont ou trop obscures ou trop confondues dans l'oubli qui suit la renommée de Buonaparte, pour que la malveillance puisse obtenir le moindre espoir de succès en s'associant à la fortune de quelques aventuriers.

Il est bien certain qu'il existe en France un malaise général, mais non pas un mécontentement public. — Les mécontens sont plutôt des hommes malheureux. Les uns ont perdu leurs rêves de fortune, les autres ont perdu leurs chimères de gloire : mais ceux-là n'ont guère à se plaindre que d'eux-mêmes et de la funeste étourderie de leur ancien chef qui, si follement, a compromis leur existence. — Le gouvernement, sage envers lui-même et généreux envers des officiers égarés, leur a conservé des traitemens honorables, et qui leur interdisent en même temps des désirs de rechute et de bouleversement. — Supposons que Buonaparte soit encore l'homme de l'île d'Elbe, pense-t-on que les hommes qu'il a compromis, pour les abandonner si lâchement, fussent encore disposés à seconder avec autant de chaleur ce nouvel essai de ses dévastations ? — Cette partie de la nation qui paroît la plus redoutable par la vigueur de son âge et l'habitude de son activité, ne devient-elle pas, par sa situation présente, plutôt un appui du gouvernement qu'un élément d'un réel danger pour la tranquillité publique : car, quel autre gouvernement que celui du roi pourroit lui solder le traitement militaire, si politiquement et si généreusement accordé, tel que celui dont elle jouit en ce moment.—Il ne faut pas croire que cette pensée n'atteigne pas la plupart des individus de cette classe; et si leur bon esprit ne les portoit pas tous au désir d'une tranquillité qui nous est si nécessaire, du moins ne peut-on pas douter que cette réflexion ne diminuât considérablement la masse des turbulens, que leur nombre épars sur la surface du royaume rend déjà peu redoutables au repos public.

Les idées révolutionnaires ont sans doute laissé des germes secrets de mécontentement. Il existe des haines politiques, mais individuelles, et qui varient suivant la foiblesse ou la vigueur du gouvernement, suivant l'espoir du tumulte et de la désorganisation, ou suivant la crainte des lois et des châtimens réservés aux perturbateurs. — Nul accord n'existe entre les esprits jaloux de la prospérité comme de tout repos public, parce que leur patrimoine est le désordre et la confusion.

Aussi les troubles intérieurs dont on nous a menacés se sont-ils évanouis toutes les fois que l'on a voulu connoître à fond de leur réalité. Des discussions particulières, des querelles de cabaret, ont à peine eu lieu sur l'étendue du sol français, et n'ont pu même donner le moindre espoir de troubles réels à ceux qui tâchoient d'en effrayer les amis de l'ordre et du repos.

La seule inquiétude qui dérive nécessairement d'une longue suite de bouleversemens est donc aujourd'hui le véritable mal intérieur de la France. — Le propriétaire tant de fois troublé dans sa jouissance, le négociant tant de fois arrêté dans ses entreprises, veut plus qu'une sécurité commune, pour jouir pleinement de son bien-être ou pour mettre en avant de nouveaux capitaux.

Pour se former une idée bien réelle de la tranquillité de la France, il faut se bien convaincre que pour la troubler il faut des chefs et des soldats. — Les chefs de troubles civils ne proviennent que de grandes réputations populaires, de grandes dignités qui donnent de la puissance, ou de grands biens qui, donnant une clientelle nombreuse, rendent un certain nombre d'individus attachés au sort de leur patron. — Voilà de ces conditions que personne en France ne possède. — Les réputations militaires acquises au milieu d'immenses armées n'ont plus d'action sur les citoyens, et ces armées n'existant plus, leurs chefs sont sans force d'opinion sur les individus qui les ont composées. Mais en supposant que quelques hommes, ennemis par ambition du régime actuel, eussent les moyens de se faire centre d'un mécontentement, et que d'autres chefs secondaires voulussent essayer de suivre leur fortune, où trouveroient-ils en France des soldats qui, sans motifs d'exaltation et sans espoir de fortune, voulussent se vouer à mourir pour l'avantage d'autrui ? — La masse des armées françaises, composée d'hommes arrachés à leurs charrues, ne ressemble plus aux anciennes armées dont les soldats n'étoient que la partie la plus active d'une jeunesse turbulente et sans propriété. Aussi le dernier licenciement de l'armée, malgré toutes les inquiétudes que l'on devoit en concevoir, s'est-il opéré sans troubles, parce que le soldat propriétaire enlevé à ses travaux a perdu subitement tout esprit de corps et tout désir de nouveaux périls, lorsqu'il s'est vu rétabli dans la paisible jouissance de ses foyers. — Aujourd'hui l'action totale d'un gouvernement est seule en état d'arracher de nouveau ces bras laborieux à l'agriculture ou à l'industrie, et le soin de leur patrimoine a guéri ces vieux guerriers d'une ardeur étrangère à leurs intérêts personnels.

Licenciement de l'armée.

Ce n'est pas absolument un paradoxe d'établir que la France est le pays qui présente la plus longue perspective de repos. — Je n'entends pas dire de cette sécurité des esprits qui provient d'une longue suite de bonheur, mais de ce calme qui suit les troubles politiques, parce que les élémens de ces troubles ont cessé leur action. — En effet, lorsque, par exemple, on contemple l'Angleterre, on y voit des Jacobins qui ne sont pas sans popularité ; on y voit une populace facile à remuer, et des fortunes immenses qui peuvent servir à la mettre en action : on voit là des chefs et des soldats. — On voit en Allemagne des réputations militaires, de grands fiefs et des vassaux. Les peuples y sont moins aguerris qu'on ne l'est en France contre les ravages de l'esprit révolutionnaire. — La Suède et la Russie offrent sous d'autres points de vue des ressources à l'esprit de bouleversement, et la tyrannie n'y est pas sans inconvéniens. — Mais la France, qui vient d'éprouver les convulsions populaires les plus désastreuses et la tyrannie la plus complète, ne veut plus des unes, et est tellement habituée à l'autre, qu'il faudroit des fautes bien graves pour lui faire aujourd'hui sentir le poids de la sujétion. — Si le roi de France vouloit aujourd'hui devenir un despote, ses véritables serviteurs auroient bien de la peine à se le persuader, et la vigueur de son règne trouveroit dans ses ennemis une augmentation de crainte que la force actuelle de son gouvernement, atténuée par toute sa clémence royale, rend déjà plus que suffisante pour la parfaite sécurité de son règne.

Il faudroit, je le répète, des fautes bien graves pour rappeler le désordre parmi nous; et la France, échappée aux deux ministères de 1814 et de 1815, a le droit d'espérer plus ou moins de bonheur; mais elle a lieu de se croire enfin sortie d'une longue série de désastres.

Une réflexion puissante, et qui doit beaucoup diminuer le nombre des mécontens qui raisonnent, est celle qui doit résulter de l'examen des hommes qui nous gouvernent ou qui sont destinés à nous gouverner. Je ne prétends pas faire ici des éloges à la Buonaparte du roi et des princes de la famille royale; mais je puis dire, sans exagération, et aucun mécontent ne me contredira, que ce sont de bien honnêtes gens. Les militaires les plus égarés, les folliculaires les plus insidieux, n'ont jamais porté l'impudeur et la mauvaise foi jusqu'à leur dénier cette qualification; et, il faut en convenir, quand même on ne seroit pas d'accord d'opinion avec la marche du gouvernement, qui ne peut pas marcher comme

Famille royale.

tout le monde le veut, on doit éprouver une réelle satisfaction intérieure de sentir que les intentions sont pures, et que désormais nous sommes destinés à vivre sous le règne de la probité.

Si les prétendus hommes de génie qui nous ont gouvernés depuis vingt-cinq ans nous eussent bien gouvernés; si, par de la prospérité, ces hommes nous eussent rendus plus difficiles sur notre manière d'être actuelle, peut-être serions-nous aptes à plus de rigidité dans l'examen de toutes les parties de notre administration présente; mais, au contraire, les gouvernans illégitimes ont tout mangé, tout dévoré, jusqu'à leur réputation de capacité, jusqu'à leur fausse gloire nationale.— Tout a été spolié, malgré tout l'or que la force retiroit des Etats conquis; malgré tout l'or arraché au commerce par le monopole des denrées coloniales, l'insatiabilité du gouvernant alloit jusqu'à spéculer sur le trépas des soldats, qui couroient à la mort pour le caprice du chef et l'intérêt d'une troupe de conjurés. — L'armée n'étoit jamais payée, parce qu'elle devoit mourir. — Il falloit être presque invulnérable pour être soldé, et c'étoit cependant sur la classe privilégiée, sur celle qui devoit paroître la plus essentielle aux yeux de l'exterminateur que s'exerçoit cette horrible fiscalité. — Enfin, après n'avoir

Gouvernans illégitimes.

presque rien soldé depuis plusieurs années, on finit par attaquer le bien des communes, que tant de révolutions pécuniaires avoient épargné ; et c'est dans cet état que le gouvernement impérial a remis au roi les rênes des finances.

Si l'on me disoit : En vingt-cinq ans les Bourbons ont porté le trouble dans toutes les propriétés; ils ont dévoré les biens des nobles, les biens du clergé, le bien des hôpitaux, des universités, celui des communes, etc. etc.; ils ont fait la banqueroute des assignats, des mandats, celle des deux tiers de la dette publique; deux fois, par leur extravagance politique, ils ont conjuré toute l'Europe contre leur patrie; deux fois ils ont fait prendre par des nations étrangères la capitale de leur empire, et ont soumis leurs provinces au passage désastreux de deux millions de soldats ! — J'avoue que, malgré mon royalisme et la conviction de mes devoirs, j'aurois de la peine à prôner encore la puissance de leur génie; et c'est avec bien plus de sincérité que j'applaudis la France d'avoir enfin un monarque à qui ses plus cruels ennemis n'ont jamais reproché que de ne pas monter à cheval et d'avoir la goutte.

Ces rapprochemens ont frappé tout le monde; il n'est point de mécontens, par la destruction de leur prospérité, qui ne se soient vus forcés de

maudire parfois les extravagances de leur héros ,
et d'applaudir aux intentions de bon ordre , de
justice et d'économie dont le gouvernement royal
offre une constante habitude.

Mais pour mieux faire sentir encore la différence des hommes, examinons-les par leur conduite ; voyons ceux qui sont véritablement dignes
de notre affection. — La gloire est une chose
d'occasion ; ce sont les vertus qui l'ont acquise
qui méritent une juste renommée. — Buonaparte
a sans doute obtenu les plus éblouissans succès ;
mais il commandoit à des troupes françaises ,
depuis long-temps victorieuses, et peut-être n'a-
t-il dû ses premiers exploits qu'à la supériorité de
ses soldats aguerris par de nombreuses batailles ;
peut-être si, vingt ans plus tôt , il eût trouvé devant lui le duc de Wellington, n'auroit-il pas
commencé cette série de faits extraordinaires qui
n'ont eu de terme que la volonté de l'Europe
entière ? — Ainsi , ses triomphes n'ont pas entièrement dépendu de lui comme ses défaites , car
ses troupes ne lui ont jamais manqué ; c'est lui
qui, plusieurs fois, a manqué à ses soldats. —
Mais ce qui dépend de tout homme d'honneur,
c'est de montrer de la fermeté dans le malheur ,
et de ne pas abandonner le premier ceux que
l'on entraîne dans sa fortune. — Buonaparte,

à Wilna, laisse périr sans lui son armée dans les glaces de Russie; il abandonne Leipzick, en coupant lui-même la retraite de ses troupes. Mais à Waterloo sa fuite précipitée devient encore bien plus blâmable, car il avoit sous les yeux ce que doit être un homme de cœur.

Mᵍʳ le duc d'Angoulême, qui n'est pas ce que l'on appelle un héros, qui n'a pas bouleversé l'Europe, et qui n'est qu'un prince légitime, venoit, par la trahison de ses troupes, de compromettre le sort de fidèles sujets du roi qui s'étoient liés à sa fortune ; loin de les abandonner et de se jeter personnellement, comme indubitablement Buonaparte l'auroit fait, dans les montagnes du Dauphiné, pour de-là gagner le Piémont, il aima mieux traiter pour ses amis, et conclure une capitulation en leur faveur, aux dépens de sa liberté et au risque de tous les périls de la captivité, plutôt que de manquer à ce qu'il devoit de reconnoissance à ceux qui s'étoient généreusement voués à sa cause. Et il faut convenir que Buonaparte, avec un exemple si récent sous ses yeux, et se sauvant en si grande hâte de Waterloo jusqu'à Paris dans un méchant cabriolet de poste, a bien mal soutenu la cause de l'usurpation contre celle de la légitimité.

Bien certains de trouver dans nos princes légitimes des modèles de vertus de famille ; de ces vertus qui font le repos et la prospérité des peuples, n'allons plus nous creuser la tête pour nous former, selon notre caprice, un fantôme de souverain que l'on ne tenteroit d'élever qu'afin de se donner l'espoir de l'abattre : suivons l'ordre de la nature ; n'examinons pas si tel prince est trop grand, trop petit, trop fort ou trop foible ; et puisque le ciel nous a bien traités, laissons à nos neveux à faire leurs réflexions si les Bourbons venoient à dégénérer. — Tenons à cet usage antique de nos pères, à cette hérédité rigoureuse, qui, comme dans une ruche populeuse, produit le travail et la fertilité, et que ceux qui, vers le trône, éleveroient des vœux illégitimes, sachent qu'il n'est aucuns priviléges qui les en rapprochent, et que le premier, comme le dernier des sujets du roi, trouveroit une insurmontable barrière à ses essais, de la part de tout ce qui réellement en France veut de la monarchie.

Il existe une classe d'individus désunis, sans consistance, sans dévouement, à laquelle on fait l'honneur de donner le titre de parti d'Orléans. — Je n'ose prononcer ce nom que parce que la délicatesse de celui que l'on en fait le chef s'est mise à l'abri de tout soupçon en s'éloignant, de son propre mouvement, du centre de toutes ces obscures machinations. — Mais, sans entrer dans les motifs de sécurité qui tiennent à son caractère personnel, examinons quelles seroient les ressources que le mécontentement pourroit lui présenter. — En trouveroit-il parmi les royalistes ? Non, sans doute. Ceux qui seroient toujours prêts à verser leur sang pour soutenir ses droits, s'ils devenoient légitimes, seroient jusque-là par devoir ses plus constans ennemis. — Ainsi donc c'est parmi les buonapartistes et parmi les jacobins qu'il devroit trouver son appui : mais ces hommes voudroient-ils sa prospérité ? ne seroit-ce pas pour se raccrocher aux branches, et pour tirer de leur naufrage quelque espoir d'une nouvelle fortune, qu'ils consentiroient à se donner un chef qui ne seroit pas l'objet de leur désir sincère ? D'ailleurs, qu'opposeroient-ils ces hommes à argent et à dotation au dévouement de ces royalistes toujours prêts à perdre leur fortune et à la sacrifier à leur opinion ; et si la guerre civile, qui naîtroit inévitablement d'une semblable tentative, mettoit le chef de l'entreprise hors d'état de combler les vœux de son parti, pense-t-on que ces êtres, ennemis de la légitimité, et par conséquent si prodigues de sermens sans valeur, hésitassent à l'abandonner pour retrouver le chemin d'une meilleure fortune ? — Voilà la perspective du sort qui l'attendroit dans ses revers; et si (contre toute attente) le hasard de mille combats le plaçoit un instant sur le trône, pense-t-on que, n'ayant d'appui que les esprits turbulens et les coupe-jarrets d'un royaume usurpé, tous les jours de son règne fussent complétement tissus d'or et de soie, et qu'il pût s'en promettre une félicité bien durable?

Il est impossible que les inconvéniens attachés aux desseins de quelques factieux ne sautent pas aux yeux même de leurs inventeurs, et ce n'est plus que comme ces rentrées en France de Buonaparte à la tête de trois cent mille Turcs, que l'on doit classer le bavardage de ces impuissans clabaudeurs qui, hors d'espoir de faire le mal, s'efforcent de porter à l'inquiétude la classe la moins éclairée de la nation et à ralentir sa confiance envers des princes si véritablement dignes de popularité.

Pour achever de nous tranquilliser sur l'idée d'un bouleversement du gouvernement, examinons l'attitude du roi dans Paris. Entouré des officiers de sa maison, de ses gardes-du-corps, de sa garde royale, des troupes réglées entièrement commandées par des chefs qui sont, par leur conduite, liés d'intérêt à la conservation du trône; comment, de bonne foi, peut-on penser

Force du Roi dans Paris.

à attaquer une force aussi respectable ; car, pour un semblable projet, outre des chefs qui n'existent pas, il faut encore s'armer, se réunir, se concerter ; il faut être un nombre imposant : jusque là ne faut-il pas être ignoré ? Comment échapper, avant ce temps, à l'action de la police, et surtout à l'activité des amis du trône, qui ne s'inquiètent souvent que trop de ses dangers ? Et quand on pense qu'outre tant de barrières inévitables, la garde nationale, composée de propriétaires ennemis nés du désordre, qui, s'ils n'étoient réellement pas, comme ils le sont en effet, portés d'affection pour la famille royale, la regarderoient encore comme le point d'appui de leur prospérité ; quand on pense, dis-je, que la garde nationale vient de recevoir une institution royale, que ses chefs ont, comme ceux des troupes régulières, donné des preuves de dévouement ou d'une honorable conduite, et qu'elle a reçu des cent jours une épuration qui la rend un des plus forts garans de la prospérité du trône, on ne peut s'empêcher de considérer Paris comme le centre le plus inexpugnable de la puissance royale et l'appui le plus immédiat de la royauté.

Influence de la capitale.

Or, quel mouvement général un parti pourroit-il espérer de produire s'il étoit indépendant de la capitale ? Avant la révolution une province avoit quelque influence ; le royaume étoit moins divisé ; les pays d'Etats particulièrement pouvoient offrir des points de centre indépendans de Paris ; mais aujourd'hui cette capitale est devenue tellement le but unique de tous les intérêts , le foyer de toute puissance , le moyen de toute correspondance active, qu'elle est devenue presque indispensable à la puissance d'un gouvernement même légitime. — Buonaparte, chassé de Paris, a perdu toute sa force ; s'il eût conservé l'espoir de se battre , ses troupes l'auroient abandonné.— Sa prépondérance a foibli devant l'influence de la capitale. — Une seconde fois ramené vaincu dans ses murs, certain d'en être détesté, sans espoir que celui de vivre, il s'est allé jeter dans les bras de ses ennemis.

Tous les partis qui, pendant la révolution, ont été maîtres de Paris, ont dominé la France : il n'y a que la première rentrée du roi dans sa capitale qui n'ait pas produit une révolution décidée , parce que son ministère a mis toutes les entraves possibles pour prévenir la prépondérance que ce qu'ils appeloient le parti royaliste devoit acquérir par cet événement. Paris est resté de fait entre les mains des tribunaux de la république et de la police de Buonaparte, tandis que le reste de la France demeuroit soumis à l'influence des cen-

seurs de la presse, qui n'avoient d'autre inquiétude que de voir revenir l'opinion générale aux
principes qui assurent le repos des Etats. — Le
ministère, qui sans doute avoit ses raisons pour
cela, ne vouloit gouverner que par les hommes
de Buonaparte ou par ceux de la révolution.
Ainsi, les royalistes furent, de fait, éloignés de
toute influence dans le gouvernement. — On doit
donc moins s'étonner, quoique le roi parût
maître de Paris, que son autorité ne soit pas devenue suffisamment dominante pour résister à l'invasion que les ministres avoient préparée, non
pas certainement par esprit de trahison, mais par
la mauvaise direction qu'ils avoient fait prendre
à l'opinion publique.

Mais Paris, une fois bien réellement dans les
mains du roi, son influence une fois jointe aux
droits de la légitimité, nulle puissance intérieure
ne peut altérer l'harmonie qui doit régner parmi
nous. Je ne prétends pas cependant qu'aucun
défaut d'entente ne puisse s'élever entre les différentes puissances du gouvernement; mais du jour
où la propriété a repris ses droits, où c'est elle
qui se retrouve enfin à la tête de la société, toutes
les discussions n'auront aucuns dangers pour la
chose publique, parce que ces dangers mêmes
réuniroient tous les intérêts; et malgré le peu

d'accord sur quelques points, le but général où tendent tous les vœux ne peut être que la paix intérieure et la véritable prospérité de la France.

C'est bien convaincus de cette force intérieure du gouvernement, que les malveillans, désespérés de l'inégalité de la lutte qu'ils voudroient entreprendre, cherchent au loin des consolations dans l'avenir, et troublent en idée toutes les cours souveraines de l'Europe, pour nous montrer des dangers indépendans de nous-mêmes, et pour nuire à l'entier repos auquel nous avons tant de besoin de nous confier. — Le partage de la France par les puissances de l'Europe est une idée qu'ils remettent parfois en avant, et toujours avec une nouvelle ferveur. — Vainement les forces de l'Europe ont deux fois séjourné dans nos provinces; vainement une société de rois a deux fois dans notre capitale débattu les intérêts de tous les rois et de toutes les nations européennes; vainement ils ont rendu la France à l'espoir d'un meilleur avenir, et nous ont, par leur volonté, régénérés en un royaume encore puissant et respecté. Ces hommes qui pensent que les rois changent d'idées comme eux-mêmes changent de sermens, se complaisent encore à leur trouver des désirs de dévastation. Ils ne cessent d'exciter les rivalités nationales, et ne trouvent dans la conduite des étrangers que des motifs de les haïr.

Si les puissances de l'Europe avoient eu le dessein de nous partager ou de nous réduire en une puissance secondaire , il faut convenir qu'elles avoient une bien belle occasion de tenter l'entreprise avec l'apparence d'un plein succès ; et puisqu'elles ne l'ont pas fait, c'est que leur intérêt , celui de la légitimité et le besoin d'un repos général étoient en opposition avec un pareil démembrement. — L'existence de la France est nécessaire à l'Europe; ce n'est que l'excès de sa prépondérance qu'elle avoit à combattre, et ce but est trop complétement atteint pour que nous soyons en butte aux dangers d'une troisième coalition.

La conduite, il est vrai, des cabinets de l'Europe nous a paru moins généreuse à la seconde entrée en France des troupes coalisées qu'à leur première invasion ; mais cependant en envisageant la chose en grand, et si l'on veut se reporter aux cent jours de l'usurpation , que l'on se rappelle quelles étoient alors les justes inquiétudes que l'on se formoit des événemens futurs, et l'on trouvera sans doute encore, toute fâcheuse qu'elle est, des motifs de s'applaudir de notre situation présente. — Il faut d'ailleurs se rendre justice à

soi-même; et lorsqu'un événement qui n'a dépendu que de nos dissensions intérieures a mis
une seconde fois toute l'Europe en mouvement,
nous ne devions pas nous attendre à ne pas payer
l'accroissement de dépenses dans lequel les puissances coalisées se trouvoient entraînées par un
nouvel et si prodigieux armement, et l'on doit
moins s'étonner si quelques individus lassés de si
longues guerres, et qui comptoient retrouver
dans leurs familles la douceur d'un repos perdu
depuis si long-temps, ont témoigné quelque
humeur, lorsque nous les faisions accourir de
nouveau de l'autre bout de l'Europe pour rétablir
parmi nous la paix et la concorde, et nous rendre
aux bienfaits de la légitimité.

Mais en convenant que le désintéressement des
alliés ne s'est pas montré d'une manière aussi remarquable que leur conduite précédente nous en
avoit donné l'espoir, ne devons-nous pas reporter
sur nous-mêmes un regard sévère, et examiner si
l'attitude politique de notre cabinet avoit été plus
convenable à l'extérieur que le ministère ne s'étoit
montré prudent dans le ménagement de notre
politique intérieure ?

L'ouverture du congrès de Vienne donnoit à la Congrès
France une attitude nouvelle. Elle pouvoit de Vienne.
chercher à reprendre d'abord une influence di-

recte, ou bien elle pouvoit se tenir à part, témoigner une reconnoissance générale pour la facilité que les puissances alliées avoient mise dans leur dernier traité, et attendre du temps qui devoit nécessairement amener des discussions entre elles, l'instant de reprendre une influence que sa modération devoit inévitablement lui rendre. — Les plénipotentiaires français prirent le premier parti. — Ils voulurent parler haut dès le premier abord. — Ministres d'un gouvernement mal affermi, d'une puissance momentanément affoiblie par l'Europe, leurs prétentions parurent hors de saison : ils choquèrent généralement, et on leur tourna le dos. Ce ne fut qu'au bout de quelques semaines, et lorsque les divers intérêts donnèrent de la chaleur aux discussions, que la France reprit de l'influence dans la politique de l'Europe. — Mais au lieu de s'être par leur modération attiré, pour ainsi dire, l'arbitrage des intérêts européens, les plénipotentiaires au contraire s'attirèrent l'animadversion des puissances lésées dans leurs prétentions, et les autres puissances surent peu de gré à la France, gouvernée par un monarque plein de sagesse, et qu'elles venoient de lui rendre, de cette politique de fiers-à-bras qui se perpétuoit de l'empire de Buonaparte jusque dans le cabinet de la monarchie légitime la plus douce, et qui devoit agir dans un système tout-à-fait différent.

C'est une erreur d'imaginer que les Etats sont exempts de ces vertus que l'on exige des hommes privés. — La reconnoissance n'est pas une chose honteuse, et les plénipotentiaires auroient pu sans aucune bassesse et même très-noblement exprimer la reconnoissance de la France qui venoit de recevoir de l'Europe une partie des institutions qui jadis avoient été pour elle la source d'une longue prospérité. — Que seroit-il survenu d'une telle conduite? C'est que la France, appelée plus tard à s'immiscer dans les discussions de l'Europe, seroit rentrée dans les négociations avec la bienveillance de toutes les puissances. — Nous ne pouvions sans doute pas être étrangers au sort de la Saxe : mais comme une discussion sur cet important objet devoit inévitablement s'ouvrir entre les puissances les plus immédiatement intéressées à cette négociation, ce n'étoit pas à nous à brouiller l'Europe, et à nous mettre tellement à découvert vis-à-vis des puissances que nous avions un si grand intérêt à ménager.—

Plusieurs résultats affligeans ont suivi cette faute politique. — Il y a des gens qui ne se contentent pas d'être forts, ils aiment surtout à se pavaner de leurs forces. — Il est constant qu'alors nous

pouvions mettre sur pied une armée de deux
cent mille hommes, composée des plus vieux
soldats et des officiers les plus aguerris de l'Europe, et qui, dans le cas d'une guerre étrangère,
auroient obéi tête baissée aux ordres du roi : mais
comme il ne s'agissoit pas d'une guerre, mais
seulement d'une négociation, étoit-il prudent de
recréer une force aussi formidable, et sur les dispositions de laquelle le gouvernement pouvoit
aussi peu compter dans un moment de repos ?
— Cependant la volonté de soutenir une négociation aussi mal commencée entraîna la réunion
de l'armée française. Soixante millions, destinés
à payer les dettes arriérées, et à prévenir la vente
des bois de la couronne et du clergé, furent
mis à la disposition du ministre de la guerre, et
Buonaparte trouva dans cette destination de nos
finances un des plus puissans auxiliaires à la
réussite de son projet. — A Dieu ne plaise que
j'impute aux négociateurs français aucunes pensées d'intentions funestes, que d'ailleurs la franchise de leur conduite ultérieure démentiroit
pleinement. — J'ai voulu seulement prouver que
l'influence des derniers gouvernemens agissoit
encore à notre détriment, tant intérieurement
qu'extérieurement, et qu'en France l'esprit révolutionnaire faisoit des progrès sensibles par la

faute de notre ministère, qui se laissoit aller à l'influence des factieux, tandis qu'au dehors la routine du cabinet de Buonaparte et sa politique à la baïonnette indisposoient contre la nation française presque toutes les puissances de l'Europe, en leur rappelant indiscrètement les souffrances que naguère elles en avoient éprouvées.

Il ne faut donc point s'étonner si plus tard nous avons eu à souffrir de ces réminiscences; et quoique les alliés ne se soient pas crus obligés, à leur seconde invasion, de nous traiter avec la générosité la plus délicate, comme ils l'avoient fait une première fois, cependant, on peut se demander si dans les fastes du Monde il existe un exemple d'un armement plus gigantesque, d'un succès aussi complet, d'une multitude aussi long-temps outragée, sans que la nation opprimée se soit vue moins détruite par une secousse aussi colossale.

Il nous reste donc encore dans nos malheurs à remercier la Providence d'avoir permis qu'une réunion aussi remarquable d'hommes de bien ait eu dans ces temps de souffrances la souveraineté des principaux États de l'Europe : et que l'on pense ce qu'il seroit advenu de notre patrie si les calamités qui l'ont poursuivie l'eussent fait tomber dans des mains de parvenus avides et tels que nous en avons connus ! Heureusement notre sort a dé-

Des souverains alliés.

pendu non de philosophes modernes, mais de philosophes chrétiens, qui nous ont fait le mal que le bien-être de leurs peuples exigeoit qu'ils nous fissent, mais qui d'ailleurs nous ont fait tout le bien qui dépendoit d'eux.

Je dois faire ici quelques réflexions sur l'effet qu'en général les révolutions de France ont produit sur l'esprit même de ceux qui devoient le plus les haïr. Cet immense tourbillon qui, prenant Paris pour le centre de sa rotation, s'est agrandi d'une manière effrayante, et a fini par être au moment d'envahir toute l'Europe ; ce tourbillon révolutionnaire, dis-je, a dans son disque éblouissant fait briller quelques hommes, produit quelques réputations, et facilement nous nous sommes aveuglés sur la capacité des individus qui tenoient leur éclat du mouvement reçu par l'impulsion première de la révolution en 1789. Les hommes qui participoient aux événemens y furent les premiers trompés. Leur secte naturellement se complaisoit dans cette erreur. Les émigrés eux-mêmes en rentrant dans leur patrie ne pouvoient s'empêcher de regarder les hommes en place comme ayant quelque supériorité, eux qui plaçoient leurs noms à tous les événemens remarquables qui, depuis nombre d'années, faisoient bruit dans l'Europe. Ils inspiroient non pas de la vénération, mais une sorte d'estime

poùr un talent reconnu. Cette méprise s'est généralement propagée surtout au loin, et les pays
étrangers se sont trouvés disposés à s'imprégner
de cette erreur. Aussi, lorsqu'en 1814 les souverains de l'Europe se trouvèrent dans Paris, les
hommes dont le nom les avoient le plus frappés
pendant la révolution furent le plus en évidence,
et le mot d'idées libérales que l'on avoit inventé
depuis quelque temps, et dont on déguisoit les
principes du jacobinisme révolutionnaire, ache-
vèrent de fasciner les yeux des monarques qui, se
livrant à leur trop d'indulgence, ne pensèrent pas
que les rois ont une justice personnelle à se faire,
et la révolution survécut à ce congrès de rois.
Voilà ce que la France peut véritablement repro-
cher aux souverains qui, par excès de délicatesse,
et ne voulant en rien s'immiscer dans la politique
intérieure de la France, ont laissé parmi nous ces
témoins et fauteurs de la révolution. Au reste, des
désastres dont cette délicatesse nous a rendus vic-
times une dernière fois, nous devons tirer cette
noble vanité que c'est à nous-mêmes que nous devons la chute définitive de la révolution, chute
qui devoit arriver du jour où la propriété repre-
nant ses droits pourroit de nouveau proclamer les
principes religieux et politiques qui seuls pro-
duisent la sécurité des Etats et cette distinction

3

des vertus et des vices qui fait qu'une nation acquiert ce caractère de loyauté qui devroit toujours être la véritable gloire des peuples.

Je finirai cet examen de notre sécurité politique, en rappelant combien dans leur séjour en France les souverains alliés ont prouvé de droiture et de simplicité, et combien ils ont été loin de cette arrogance de nos anciens bulletins qui parloient toujours des foibles avec une ironie tellement outrageante. C'est que parmi les cœurs généreux il reste après les intérêts les plus directs une bienveillance humaine qui s'étend sur tout ce qui mérite de l'estime, et les souverains, après avoir réparé les maux faits à leur patrie, ont reconnu les malheurs de la France; ils ne veulent point sa destruction. Un fait dont j'ai la connoissance positive justifiera mon opinion à cet égard mieux que tous les raisonnemens dont je pourrois l'appuyer.

Sa Majesté l'empereur d'Allemagne, avant de quitter Paris, reçut M. le chancelier. Il s'entretint long-temps avec lui de la situation de la France, de son esprit public, des intérêts de la branche régnante de la famille royale. Il en parla comme un Français, et ses dernières paroles prouvent combien il entroit dans nos inquiétudes les plus intimes : il rappela M. le chancelier qui sortoit de son appartement, et lui dit avec l'accent d'un

homme pénétré de ce qu'il sent : — « M. le chan-
» celier, dites donc à M. le duc de Berry qu'il
» se marie. »

Ce peu de mots suffira pour déjouer ceux qui cherchent dans les intérêts de la monarchie autrichienne des dangers pour notre avenir. Ils ne se rappellent plus sans doute que, seule de toutes les puissances de l'Europe, l'Autriche a soutenu pendant près de dix années la lutte terrible de la révolution, et que malgré les hasards de tant de guerres inégales, c'est toujours la cour de Vienne qui montroit à l'Europe la route à tenir pour s'affranchir de la tyrannie révolutionnaire qui menaçoit tous les peuples et tous les rois. Les autres grandes puissances plus éloignées n'ont aucun intérêt à nous nuire. Les Pays-Bas sont assez puissans pour que l'Angleterre ne désire plus l'augmentation de ses côtes; et cette ancienne rivale de la France, qui, par la bataille de Waterloo vient de dompter ses propres jacobins, ne peut raisonnablement qu'aider un gouvernement qui met un frein définitif aux attentats de cette fausse liberté dont Buonaparte se constituoit le héros, lorsque son insatiable tyrannie ne trouvoit plus d'autres moyens pour asservir les peuples; et l'état financier de l'Angleterre, la baisse subite de ses produits agricoles, lui rendent aussi nécessaire qu'à nous-mêmes

3.

le repos que ses constans efforts ont acquis à l'Europe.

La France rentrée dans le système européen.

Enfin on ne peut plus se dissimuler qu'aujourd'hui nous ne sommes plus cette nation étrangère à l'Europe, qui faisoit sa terreur, et qui sembloit être la cause de tous ses maux. La réunion d'hommes non salariés, appelés comme représentans de la propriété à discuter les vrais intérêts de leur pays, ne fut pas plus tôt à même de manifester ses sentimens que la France a changé d'aspect. Les rois ont été vengés, les institutions monarchiques ont été remises en honneur, la religion a retrouvé le respect que l'on osoit lui disputer, les principes dévastateurs ont été frappés d'anathème ; enfin c'est du sein de cette France, qui sous le joug populaire excitoit les peuples aux plus séditieuses innovations, que l'on a vu s'élever l'opposition la plus directe à ces instituteurs des nations qui parlent au nom de l'humanité, mais pour la désunir et pour la dépouiller. Enfin la France est de ce jour rentrée dans le système européen qui ne veut ni de despotisme inutile, ni de liberté sans mesure ; et de même qu'elle a jadis donné des exemples à fuir, désormais l'on recherchera peut-être dans ses malheurs passés et dans son retour aux saines idées monarchiques des bornes à ces principes d'une orgueilleuse démagogie qui dans la liberté des peuples ne cherche que le trouble des Etats.

Après avoir établi les motifs de cette parfaite sécurité tant intérieure qu'extérieure, il me reste à considérer la France sous le rapport de ses dissensions privées, non de celles qui bouleversent un Etat, mais de celles qui peuvent agiter les esprits et nuire à un entier repos public. La révolution a donné l'habitude à tous les partis d'en appeler à l'opinion publique : mais qu'est-ce que l'opinion publique ? comment s'exprime-t-elle ? où peut-on la reconnoître ? ne peut-on pas la chercher où véritablement elle n'existe pas ?

A la première chute de Buonaparte le gouvernement tomba dans les mains de gens issus de la révolution, si tous n'y avoient pas pris une part directe ; aussi le ministère reconnut-il l'esprit public dans cette partie de la nation qui, sans être coupable d'excès révolutionnaires, n'étoit cependant pas exempte des préjugés de la révolution. L'esprit secret du ministère fut donc de ne pas donner au souverain une puissance personnelle trop forte, d'éloigner de toute influence dans l'administration ceux qui serviroient la royauté avec une véritable chaleur ; enfin de paralyser l'élan que le retour en France du roi et de la famille royale devoit donner à ceux que vingt ans n'avoient pu détourner de leurs devoirs ni de leurs sentimens.

Le ministère pouvoit alors se tromper avec quelque apparence de sincérité. Les corps représentatifs, qui pouvoient passer pour être l'interprète des sentimens de la nation, n'étoient pas assez étrangers aux événemens antécédens pour ne pas partager les opinions du conseil des ministres, duquel ces corps, d'ailleurs, dépendoient pécuniairement. Ainsi le roi se trouva le chef d'une révolution prolongée, sans que rien déterminât si la véritable opinion publique vouloit cette prolongation, ou si le vœu général réclamoit la fin définitive de la révolution.

Cependant il falloit bien céder quelque chose à la cour; on ne pouvoit décemment laisser éloigner, sans accueillir l'offre de leurs services, les fils et neveux des hommes fidèles qui s'étoient voués à la cause royale aux dépens de leur propre fortune, et l'on recréa la maison du roi qui formoit un corps indépendant de l'armée, sans force contre elle, et qui devoit exciter et entretenir sa jalousie; mais on se borna précisément aux corps de cavalerie, très-onéreux, et qui n'étoient pas d'une utilité majeure; et lorsqu'il fut question de rétablir la garde à pied, point essentiel à la puissance royale, le déficit des finances, la crainte de mécontenter l'armée, parurent alors des raisons décisives pour laisser l'autorité royale sous un point d'appui certain.

Rien alors ne pouvoit donner au ministère cette action de prévoyance publique, qu'il ne se soucioit pas d'avoir. Il avoit définitivement hérité de l'influence de Buonaparte sur les corps représentatifs, qui n'étoient pas composés comme ils le sont aujourd'hui. La chambre des pairs, alors, étoit à peu de chose près le sénat à trente six mille francs par tête, et la chambre des députés, qui n'étoit que le corps législatif, ne pouvoit être que dévouée aux auteurs d'une charte qui, malgré sa rigidité, prolongeoit encore de deux jusqu'à sept années les appointemens de dix mille francs de cette chambre, quoique par la suite les traitemens fussent annulés, et qu'à l'avenir les nominations ne pussent être faites que pour cinq ans. Aussi les deux chambres accueillèrent-elles toutes les propositions du ministère, qui ne doutoit pas d'après cela d'agir selon l'opinion publique, mais qui de fait n'agissoit que d'après la sienne, que l'on accueilloit presque avec la même déférence que celle avec laquelle on accordoit précédemment des levées d'hommes ou la vente des bois communaux.

Il résulta de cet état de choses que personne ne prit confiance dans un gouvernement incertain, qui refusoit son entière confiance aux vrais amis de la monarchie, et les ministres eux-mêmes se plaignirent bientôt de la détérioration de l'esprit public, ou pour mieux dire de la hardiesse des folliculaires qui cherchoient à nous reconstituer en révolution, et nous faisoient rétrograder plus vite que ne vouloit le gouvernement vers toutes les idées premières de la révolution. Ainsi donc au mois de mars 1815, l'opinion publique étoit représentée par le ministère, qui donnoit, argent à la main, aux deux chambres sa propre opinion, par le Nain jaune, par le Censeur et autres, et par quelques journaux royalistes qui combattoient avec toute la modération que leur prescrivoit la censure, et sans efficacité, les principes dangereux qui se propageoient chaque jour, et sembloient déjà devoir nous livrer de rechef à la classe des avocats sans cause, ou autres intrigans à enrichir.

Le retour de Buonaparte produisit un excès d'exaltation dans les esprits tournés à la démagogie qui ne servit pas médiocrement à les ridiculiser. — Ils se rattachèrent sans pudeur au char du tyran, dans l'espoir, disoient-ils, de le voir maintenir les principes. — La bataille de Waterloo ne leur fit pas perdre l'espoir; ils se disoient l'opinion publique, et lorsque l'Europe les rejeta dédaigneusement, ils eurent, cette poignée d'insensés, la prétention de placer encore leur roi légitime à la tête de cette révolution, si honteuse par ses effets, si désastreuse par ses résultats. — Jusqu'aux derniers instans, ces factieux aveugles prétendoient, de leur état-major, dicter des lois à la royauté. Le monarque devoit quitter le signe de cette fidélité que pendant tant de siècles la France avoit gardé religieusement à sa famille. Il devoit, pour être reçu dans Paris, pour être populaire, se revêtir du signe, désespoir de ses fidèles serviteurs, de cette cocarde bariolée sous le ralliement de laquelle la France avoit été poussée vers toutes les calamités qui peuvent affliger les nations.

Cependant le roi s'approche : il porte la cocarde française ; il craint peut-être de trouver ses sujets divisés d'opinions. Cent mille personnes se précipitent au-devant de lui, cent mille, deux cent mille hommes ou femmes les suivent avec ce signe de ralliement qui devoit dépopulariser le monarque. La joie est dans tous les regards ; elle se décèle par des cris prolongés, par une ivresse de plusieurs jours, au milieu de laquelle le point qui se disoit former l'opinion publique est imperceptible, est honteux même de sa nullité, et se voit forcé de tourner son dernier espoir vers le cabinet des ministres.

L'ivresse, on peut la qualifier cette fois avec

Retour du Roi.

confiance l'ivresse du peuple, étoit sans doute l'expression réelle de l'opinion publique de la ville de Paris. — Il est rare dans un ordre de choses mieux établi de se trouver à même d'en juger sainement ; mais ici la méprise est impossible. — Cependant le ministère de 1814 s'épura de plusieurs honnêtes gens. — Il crut découvrir plus d'habileté dans les crimes de la révolution, et dès lors le parti releva la tête, et ne désespéra pas, en parlant d'opinion publique et d'amalgame, de conserver de l'influence et de reconquérir le ministère.

malgame.

Ce mot d'amalgame étoit un terme de l'année précédente, à l'ombre duquel tous les mauvais sujets de la révolution tentoient de se faire un abri contre le mépris général. — Ils se prévaloient contre le gouvernement de la nécessité dans laquelle il se trouvoit d'employer des hommes de divers partis, et le ministère n'eut pas le courage de mettre une borne fixe à la valeur de cette expression. — Cependant il étoit bien facile d'établir que les hommes tarés dans toute opinion étoient exclus et uniquement exclus de la faveur du gouvernement ; mais le ministère, géné par sa nature sur la manière de s'expliquer, laissa prendre au mot d'amalgame l'extension qu'on voulut lui donner. — Tout le monde alors étoit cependant du même avis ; c'est que les vicissitudes de la révolution ayant placé de fort honnêtes gens dans des situations divergentes, leur rapprochement et leur union, si désirables pour l'intérêt de la monarchie, ne pouvoient être trop hâtés et encouragés par le gouvernement : mais il devoit bien se donner de garde de laisser aux mauvais sujets l'audace de s'attribuer le droit d'amalgame. Rien ne fut établi d'une manière positive. — Au lieu de trancher la question, le ministère voulut transiger avec toute espèce de factieux. — Les hommes qui portoient par trop de déshonneur sur leur profession furent engagés moyennant des pensions à vie, et même réversibles sur leurs familles, à donner la démission de leurs emplois. — Plusieurs s'y refusèrent, soit par un plus fort calcul pécuniaire, soit par pur désir d'insulter au gouvernement. — Cependant, étoit-ce l'opinion publique qui favorisoit les régicides et autres brigands révolutionnaires ? Non, sans doute ! Mais le ministère, ayant adopté la révolution, se croyoit dans la nécessité de protéger tout ce qui se trouvoit émané d'elle, et les plus misérables jacobins se hâtèrent de parler haut, dans l'espoir de se faire acheter.

Quoi qu'il en soit, la crise jacobine des cent jours avoit produit une telle effervescence que le

Nouvelles
élections.

ministère de 1815 crut encore devoir règner par
la révolution. C'est pourquoi, dans la réorgani-
sation nouvelle, il réunit des hommes, ou qui
dans la révolution s'étoient fait une célébrité bien
peu désirable, ou qui du moins n'avoient point
donné de gages contre l'esprit de la révolution.
— Il faut remarquer que c'est pendant l'existence
de ce ministère que l'on appela la France à se
choisir des représentans : ainsi l'on ne peut supposer que l'influence ministérielle ait dirigé les
choix dans un sens tout-à-fait différent de sa
propre opinion. — Les ministres se flattoient au
contraire, eux qui pour la première fois réu-
nissoient une assemblée libre, puisqu'elle ne
devoit point être salariée, de se trouver les seuls
arbitres de la France, et de gouverner avec l'assentiment de tous.

Chute
du ministère
de 1815.

C'est vers cette époque que l'œuvre séparé d'un
des ministres réveilla l'opinion publique encore
étonnée de ne pas voir la France hors de la
révolution. Un écrit scandaleux, insultant à la
famille royale, fut répandu dans Paris et dans
les provinces presqu'à la fois. — On s'étonna de
tant d'audace ou de tant d'ineptie de la part d'un
homme dont la politique ultérieure ne devoit
plus être que de la fidélité. — Le ministère
l'abandonna, mais avec cette mollesse qui carac-

térisoit toutes ses actions. — Si le premier cri d'indignation eût produit la chute de l'homme, si les autres ministres écoutant les clameurs spontanées eussent fait une scission complète avec lui, peut-être se seroient-ils conciliés quelques esprits : mais eux-mêmes sentirent bientôt leur insuffisance, et les choix qui de toutes les parties de la France tomboient sur les amis les plus connus et les mieux éprouvés de la monarchie et des principes monarchiques, ne leur permirent pas de présumer que la lutte qu'ils auroient bientôt à soutenir pût tourner à leur gloire ou à leur profit. — Ils abandonnèrent un ministère qui leur échappoit des mains, et remirent avec franchise à leurs successeurs tous les embarras du gouvernement. — Il ne faut pourtant pas oublier ce qu'ils firent de bien. Ils appelèrent à la législation les véritables représentans de la propriété, ils éloignèrent des emplois publics les ennemis les plus déclarés du gouvernement. Enfin les places les plus essentielles, les préfectures et les sous-préfectures furent en général données avec discernement. Ceci prouve particulièrement que l'intention du ministère n'étoit nullement de nuire au gouvernement, qu'il étoit chargé de consolider ; mais que trompé par ce qui lui restoit d'idées révolutionnaires, il croyoit devoir s'identifier à

la révolution et céder à la crainte des temps les
plus calamiteux, tandis qu'au contraire la saine
partie de la nation ne voyoit dans la révolution
qu'un objet de haine et de mépris dont il ne falloit conserver que les résultats de fait sans en
conserver les idées,

J'arrive à la partie sans contredit la plus épineuse de mes remarques sur le gouvernement. —
Je n'ai, jusqu'à présent, parlé que d'autorités ou
de corps qui n'existent plus. — Maintenant mes
observations doivent s'étendre sur tout ce qui
existe et sur des autorités que je dois respecter. —
La circonspection que je dois observer en parlant
de démarches qu'il est quelquefois dans la nature
de mon travail de blâmer, n'arrêtera cependant
pas ma franchise à cet égard, étant bien convaincu que c'est la manière de blâmer qui seule
est offensante, et qu'un examen sincère qui n'a
de but réel que celui d'éclairer notre situation,
ne peut être pris en mauvaise part par ceux dont
je suis loin de discuter la pureté des intentions.

Je dois prévenir que ce n'est pas une vanité
dogmatique qui m'établit l'arbitre de si nobles
intérêts ; je ne rends compte que des impressions
que les circonstances m'ont fait éprouver, sans
aucune prétention d'être une autorité ; mais j'es-
père faire naître quelques réflexions qui, sans être

les miennes, feront pourtant sentir que, dans un état de choses aussi délicat, que dans une situation aussi neuve que celle où nous venons de nous trouver, de très-honnêtes gens se doivent une indulgence mutuelle; et peut-être seroit-il à désirer que chacun eût à se reconnoître quelques torts, et ne plus avoir qu'à s'estimer à l'avenir.

Au dernier renouvellement du ministère et des chambres, la France s'est trouvée dans une situation sans exemple, avec un gouvernement qui ne pouvoit chercher ses usages dans les gouvernemens qui l'avoient précédé; avec un ministère composé d'hommes pour la plupart étrangers au ministère, et peu connus de la France sous le rapport, et avec des chambres délibérantes, libres et formées pour la première fois, depuis la révolution, sous les auspices de la royauté.—Tout ce qui devoit émaner d'un pareil concours de circonstances, à la suite de tant de bouleversemens, devoit exciter parmi nous un intérêt, une curiosité, que sans doute l'Europe a partagés : mais il faut convenir que, malgré tout ce que l'on devoit généralement espérer de bien d'une réunion d'hommes aussi véritablement estimables, un ministère novice, qui devoit mouvoir des hommes nouveaux dans les affaires, devoit, sous tous les rapports de détail, éprouver de nombreuses difficultés.

La première de toutes étoit de connoître quelle direction il falloit donner à l'opinion publique. J'ai déjà fait voir que les ministres de 1814 et de 1815 avoient mal à propos consulté tout le monde, les salons, les cotteries, les journaux, etc, etc. Ils ne pensoient pas qu'alors, dominateurs des chambres s'ils l'eussent voulu, leur décision eût été humblement reçue par elles; ils étoient les maîtres de décider que la révolution étoit finie, et que tous les honnêtes gens auroient un droit égal à la faveur du monarque ; mais ils cherchèrent à contenter une opinion publique idéale, tandis que la véritable opinion publique n'avoit aucune occasion de s'exprimer d'une manière évidente, puisque tout ce qui constituoit le gouvernement tenoit de près ou de loin à la révolution.

Le ministère actuel, qui certainement ne tient pas à la révolution, avoit, dès sa création, de plus justes données sur l'opinion publique. Le retour du roi, la conduite généreuse de nombre de provinces, etc. etc. ne pouvoient lui laisser de doute sur le vœu de la France. Mais il hésitoit sur la marche à suivre ; il hésitoit entre la sévérité qui convient à un gouvernement qui s'établit, et l'indulgence qui convient à un gouvernement qui désire se faire aimer.

C'est alors que les hommes dits à idées libérales s'agitèrent de toutes leurs forces pour se
conserver quelque chose de la révolution, et leur
dernier espoir fut de chercher un refuge dans les
bras du ministère, qui ne vit dans ce parti que
le zèle d'hommes estimables entièrement rattachés
à la cause royale. — Je ne prétends pas que ce
dévouement ne soit sincère ; au contraire, je le
crois tel de la part du plus grand nombre ; mais
je vois, malgré la franchise de ce parti, se propager une teinte de révolution qui donneroit au
gouvernement une marche vascillante qui ne
convient point à un État qui doit se fortifier, et
qui me paroît surtout inadmissible dans un pays
où le système représentatif est établi.

Avant que les mots idées libérales fussent in-
ventés, ils avoient leurs équivalens. Avant la révolution une secte dite de philosophes préparoit
les nations au bouleversement de toutes idées
saines et aux systèmes politiques les plus dangereux. — S'il n'avoit existé dans cette secte que
des hommes ostensiblement athées ou complètement immoraux, les ravages de leurs principes
eussent perdu tout leur effet. C'est parce qu'il
existoit parmi les philosophes des hommes de
très-bonne foi que d'autres fort honnêtes gens se
sont rangés sous la bannière de cette philosophie

Idées
libérales.

qui marchoit de front avec la philosophie chrétienne. — Cette secte de prétendus philosophes
a donné naissance aux constitutionnels de 1789 ,
parmi lesquels on trouve aussi de bons pères de
familles, de bonnes gens chez eux et pour leurs
amis , mais que rien n'a corrigés, qui récom-
menceroient le 14 juillet 1789 et le 6 octobre, et
qui pensent aujourd'hui que la révolution a seulement été mal faite , et qu'il faut la recommencer.
— Ces constitutionnels se sont subdivisés, suivant
les temps , en feuillans , jacobins , cordeliers ,
conventionnels, tous professant cette même liberté
du peuple et cette égalité chimérique, si contraire
au bien-être de la société. — Au milieu de ce
brigandage d'idées, les plus honnêtes gens se sont
retirés ; d'autres, incapables d'abandonner l'idée
première , se sont faits philantropes, théophi-
lantropes, etc. etc. jusqu'au moment où Buonaparte, comprimant tout ce qui jusqu'alors avoit
existé, acheta ceux dont il crut avoir besoin , fit
peur aux inutiles , et régna despotiquement sur
tous. — C'est alors que chacun, négligeant son
opinion , parut la confondre dans la gloire du
héros de la révolution , et l'on reçut de l'argent,
des places, des dotations, des cordons de toutes
couleurs, et des titres de comtes et de barons. —
Il est une chose bien à remarquer, c'est que la

secte n'a jamais trouvé le courage de crier à la tyrannie que sous le règne de notre trop bon roi Louis XVI, et sous celui de notre excellent roi Louis XVIII.

Buonaparte ayant cessé de les payer ou de les comprimer, les hommes à principes cherchèrent à propager de nouveau leur système de gouvernement spéculatif ; ils engagèrent un grand nombre d'individus ou froissés par les circonstances, ou rebutés par la tyrannie corse, à considérer les peuples avec les sentimens de cette fausse pitié qui portoit les hommes de 93 à s'abreuver du pur sang de la France. — Les idées révolutionnaires ont repris un certain empire sur ceux qui gardoient mal le souvenir des temps, ou sur ceux qui n'avoient pu juger de leurs effets, et l'on voit aujourd'hui prédominer dans une classe de gens même assez éclairés des principes erronés, nuisibles à l'ordre social, mais qui ne peuvent que troubler la marche des choses sans nuire efficacement à la stabilité de la monarchie. — Le juste respect que l'on porte au caractère de Sa Majesté est un point de ralliement qui réunit les opinions divisées, mais qui ne doit pas empêcher de les distinguer.

Les hommes à idées libérales d'aujourd'hui sont ou peuvent être de fort honnêtes gens, mais

qui, semblables à la secte des économistes,
s'embrouillent dans leurs idées de bien public. —
Ils veulent un roi ; ils veulent un gouvernement
monarchique ; mais ils voudroient des institutions républicaines, ou, pour mieux dire, ils
sont choqués de ces institutions, véritables appuis
d'une monarchie qui sont les garans de la durée
de la puissance et de cette liberté réelle et suffisante qui se trouve aussi dans les monarchies
européennes. — Mais le fléau le plus dangereux,
vrai produit des idées dites libérales, est cette
jalousie des diverses classes de la nation qui survit
à la révolution, et qui prévient le repos de famille qu'il seroit bien à propos de voir renaître
parmi nous. — On s'est tellement habitué à
décrier la religion, les honneurs, la richesse, la
naissance, qu'aujourd'hui l'on a presque perdu
tout respect pour tout ce qui jadis sembloit digne
de la vénération, de l'estime ou des égards des
peuples. — Si la nature humaine avoit gagné
quelque chose à ce renversement d'idées, ou si je
voyois dans cette morale nouvelle quelque analogie avec ce qui s'est vu dans les temps anté-
rieurs, je pourrois penser que, revenus aux idées
justes, nous avons adopté ce qui jadis avoit déjà
fait la gloire ou le bonheur des peuples, et ce qu
ésormais devroit servir de base à notre félicité

mais je vois, au contraire, tous les peuples porter respect à la propriété; partout je vois une division des classes de la société; partout une religion fut l'objet de la vénération des peuples policés ou de la superstition des hordes sauvages; de-là je dois conclure qu'à moins que, depuis peu de temps, la race humaine ne se soit dénaturée, il existe dans l'esprit humain une tendance inévitable, soit à des préjugés, soit à des vérités que de simples spéculations ne pourront détruire que par instant et chez quelques individus; mais que la masse vulgaire, réduite à ce gros bon sens qui la fait marcher suivant la route battue de ses pères, ne partagera jamais lorsqu'elle ne sera pas détournée momentanément de l'instinct de sa nature.

Les idées révolutionnaires mitigées sont-elles un bien ou un mal pour la société? Voilà ce qu'il importe d'établir. Je ne parle pas ici des maux, produits de la révolution, parce que d'autres causes se sont jointes à la philosophie moderne pour accroître nos désastres; mais je demande si dans l'état actuel des choses, les principes d'égalité qui tendent encore à se propager, si cet éloignement pour l'ordre, autrefois établi dans la société, sont un bienfait de la philosophie moderne, ou s'ils ne sont que le résultat d'un système peut-être séduisant, mais essen-

Idées révolution-
naires.

tiellement nuisible. D'abord j'observerai qu'indépendamment des titres de noblesse la société
tend, dès son origine, à se diviser en classes dis-
tinctes. — Aux Etats-Unis d'Amérique, pays
neuf, et qui n'a par conséquent ni souvenirs,
ni anciennes coutumes, ni vieux préjugés, et
où la noblesse qui vient du temps n'existe pas
encore, je demande si l'homme riche vit avec
l'homme pauvre, si l'homme instruit vit avec le
matelot, si le négociant opulent dîne avec le col-
porteur des fruits de son industrie, si le maître
vit familièrement avec ses domestiques libres ou
avec ses nègres esclaves. — Les riches au contraire
vivent entr'eux, les savans se recherchent. Le
domestique ne prétend pas à s'asseoir à la table
de son maître; chacun se rapproche suivant
l'analogie de ses habitudes ou de sa condition.

Un système qui tend à détruire cet ordre naturellement établi, à confondre toutes les conditions,
ne sert qu'à placer les individus dans un état de
malaise nuisible à la paix de la société. — Aujourd'hui chaque profession a son orgueil particulier, chaque état prétend à des priviléges.
Personne ne veut déroger à la classe qui l'avoisine,
et personne n'en est plus heureux. — Autrefois,
dans ce temps décrié, où la morale chrétienne paroissoit suffisamment raisonnable, et où la société

suivoit, en s'améliorant lentement, la pente de ses habitudes et de ses vieilles coutumes, l'on pensoit moins à sortir de la situation de sa famille. — Un marchand de drap laissoit à ses enfans l'hérédité de son comptoir, ceux-ci n'aspiroient qu'à s'enrichir de la réputation de leur père. Un négociant millionnaire, jaloux de son crédit et de ses nombreuses correspondances, laissoit à sa maison un héritier habile et digne de lui. Le commerce sans doute ne peut qu'accroître sa prépondérance, lorsqu'il prospère sous des noms connus et respectés. — Or il existe une noblesse dans le commerce comme il existe une noblesse dans les Etats de l'Europe. Tout est dans l'opinion, et un riche négociant, successeur de la fortune de ses pères et de leur bonne réputation, est fier sans doute de l'extension de son commerce et de l'avantage de ses richesses, autant qu'un gentilhomme pauvre doit l'être du droit de porter une épée, qui souvent n'est qu'un fardeau pour sa famille. — Un avocat célèbre de Paris se considérera-t-il comme un avocat obscur des tribunaux de province ? Sera-t-il vu de même œil parmi des confrères qui savent mieux l'apprécier, ou dans la société qui fait si bien état d'une bonne renommée ? Non, sans doute. — Ce classement naturel dans les divers états, et le classement des états sont inhérens à la nature de la société, puisqu'il n'a jamais existé d'instant où les hommes ne se soient fait entr'eux cette justice, lors même que momentanément les lois leur ont manqué.

Système politique. Ce qui paroîtra remarquable dans ce siècle où les sciences ont fait des progrès (sans que pour cela je prétende que l'esprit humain se soit perfectionné), c'est que la politique a suivi une marche tout-à-fait contradictoire à la marche des sciences. — Les savans ont quitté les systèmes dont on tiroit des conséquences erronées, pour examiner attentivement la marche de la nature ; ils ont vu des faits, ils les ont suivis avec constance, et ont trouvé des résultats qui ne peuvent être faux, lorsqu'ils sont appuyés sur des expériences matérielles. Mais tandis que les sciences prenoient cette judicieuse direction, les philosophes, constitutionnels de 89, hommes à idées libérales, jacobins mitigés de 1793, ont pris le contre-pied de ces savans raisonnables ; ils ont établi ce qu'ils ont appelé les principes, et de là nous les avons vu marcher d'erreurs en erreurs, et par fois de crimes en crimes.

A bien examiner cette secte philosophique anti-religieuse, on la trouvera d'abord prodigieusement spirituelle. — Tous les hommes à systèmes parlent avec une chaleur que l'on prend facilement pour de l'esprit et même pour de la capacité. — Libéraux. Les libéraux s'expriment en général avec facilité. Ils débitent avec abondance des erreurs qui seroient des vérités, si les hommes n'étoient pas ce qu'ils sont en effet. — Ils dissertent avec finesse ; ils connoissent les lois ; ils parlent de tout avec une fausse profondeur qui leur fait de respectables prosélytes. — Ils font des dupes, parce qu'eux-mêmes sont niaisement dupes des principes qu'ils ont établis. Ils sont cependant subtils et instruits ; ils savent tout, hors ce que c'est qu'un homme. — Aucune expérience ne les corrigera ; dix révolutions françaises ne feroient rien sur leur raison, et ces gens d'esprit déterminés à ne rien voir, incapables de juger de l'avenir, ni de s'instruire par les événemens, ont le même aveuglement sur leur fausse capacité en fait de gouvernement.

Au reste, on ne peut nier qu'il ne soit heureux que des hommes sans religion se fassent une morale qui les porte privément à des vertus domestiques, et lorsque je vois d'honnêtes gens complètement dupes des idées libérales, je me réjouis du bien particulier qui peut en provenir. — Qu'un homme par un faux système d'humanité consente à laisser piller ses terres, à laisser fourrager ses bois, et à voir de sang froid la confusion de ses propriétés, rien sans doute ne l'en empêche, puisque seul il en souffre, et j'applaudirai même, si l'on veut, à la bonhomie qui le fait agir ; mais si ce même indi-

vidu se mêle de politique, s'il prétend à l'administration de la fortune publique et de ma tranquillité, je deviendrai plus sévère, et j'aurai sans
doute le droit de l'être à son égard. Dès lors
j'exigerai qu'il soit un magistrat rigide, et que
l'espoir d'une fausse popularité ne l'entraîne pas à
une mollesse qui tourneroit à la ruine commune.

Mais je suis loin de croire que la secte soit
entièrement composée de ces hommes francs qui
ne voient dans leurs fausses idées que la gloire
de l'humanité. Il est des hypocrites en politique
Hypocrites
politiques.comme en religion, et je ne puis douter qu'il existe
parmi les libéraux des hommes qui n'en font qu'une
affaire de parti, et qui voyant leur ambition
trahie par les événemens ne cherchent ou à
nuire ou à se faire valoir par un dévouement très-
suspect. — En effet, tout ce qui a tenu aux principes révolutionnaires et presque tout ce qui vivoit
de la fortune de Buonaparte, s'est rattaché à ces
honnêtes citoyens qui voudroient que la main du
gouvernement ne fût qu'une main bienfaisante,
et que la seule persuasion fût mise à la place de la
vigueur des lois.

Chez beaucoup d'individus l'adoption des
idées libérales n'est qu'une manière d'être honorablement athées, de propager le républicanisme,
en affichant l'amour de la personne du roi, de
décrier toutes les institutions monarchiques, en

professant du respect pour elles; enfin de chercher à entraver toute marche du gouvernement, s'il tendoit à sortir de la révolution, et surtout à ramener le peuple à des idées de religion. — Ce qui doit frapper la vue, c'est la conduite de certains hommes de parti, grands prôneurs du gouvernement représentatif et des droits de la nation, qui sitôt qu'ils ont vu les représentans légitimes de la propriété se prononcer avec énergie pour des principes contraires à leurs erreurs, se sont mis à vanter le règne de Louis XIV et à prôner le conseil exclusif du roi, dans l'espoir que sous un gouvernement qui ne seroit pas stimulé par des royalistes à jamais fatigués de systèmes politiques, ils auroient plus de chances pour se rattacher aux rênes d'un gouvernement auquel dans toutes ses révolutions ils ont pris part, *quand même.* — La ressource générale de la secte réunie est de s'appeler toujours l'opinion publique, et c'est par là qu'elle conserve quelque crédit sur les foibles et les timides : cependant lorsque de toutes les provinces, de véritables représentans de la propriété se sont réunis ; lorsqu'entr'eux ils ont choisi ceux, sans doute, qui par leur moralité reconnue ont mérité leur confiance ; lorsque ces députés d'un accord presqu'unanime ont proscrit ces fausses idées politiques, qui ne sont que des piéges tendus à la félicité des peuples, les libéraux auroient dû penser que la révolution est finie, et qu'ils doivent désormais rentrer dans la classe des hommes de sens et de caractère qui suivent la marche de la nature, et qui ne s'écartent des idées de leurs pères que sans fanatisme, et qu'autant que la force des événemens y détermine leur raison.

Je me suis étendu plus que je n'aurois voulu sur un sujet qui semble ralentir la marche de mes observations sur les sessions de 1815 et de 1816; mais il étoit bien essentiel d'établir le point sur lequel on discutoit, et jusqu'où l'esprit révolutionnaire prétendoit encore se prolonger. — Les uns vouloient se rapprocher de la révolution, tout en détestant ses excès; les autres vouloient une monarchie indépendante de la révolution, et prétendoient ne conserver d'elle que ce que le temps avoit rendu imprudent de détruire. Les premiers s'étayoient par l'habitude de ces fausses notions politiques qui n'ont pas seulement perdu la France, mais qui même jusques dans le Nouveau-Monde ont porté ces mêmes germes de discordes, qui pendant si long-temps ont ravagé notre patrie. — Les autres se sont rattachés à ces principes d'ordre et de justice qui protégent les hommes paisibles et laborieux, qui commandent la confiance et la subordination, et dont l'heureuse influence a de toute éternité produit la véritable félicité des Etats.—La lutte ne pouvoit plus être douteuse! les anciens principes ont triomphé des nouveaux préjugés, et les idées dites libérales ont trouvé dans la véritable représentation de la propriété le terme de leur faveur et de leur accroissement propagandiste.

Au reste, ce n'est plus avec de l'indignation que l'on devroit attaquer la secte philosophique anti-sociale ; c'est au ridicule à lui porter les dernières atteintes; mais le sujet est tellement sérieux qu'un cœur français et vraiment sensible aux désastres, produits de tant d'erreurs, ne peut que bien difficilement en parler avec légèreté. Je finirai seulement par une comparaison qui m'a souvent frappé lorsque j'écoutois quelques sophistes de nos jours parler avec tant de confiance dans l'excellence de leur jugement et dans leur supériorité sur le reste des autres humains. — Un poëte anglais, devenu fou, fut enfermé pour cause de cette aliénation. Un homme, autrefois de sa connoissance, le rencontra dans un hôpital qu'il visitoit, et s'affligea de sa situation. L'insensé le prit à part, et lui dit mystérieusement : — Ne me plaignez pas, les hommes sont tous devenus fous : ils ont eu le dessus, et m'ont enfermé dans cette maison avec quelques hommes de bon sens qui n'ont pas voulu partager leurs erreurs. Le sort de tant de malheureux qui courent les champs nous fait pitié, et nous serions bien fâchés de changer de condition.

Manie
des libéraux. N'est-ce pas à peu près là cette manie des hommes à idées libérales de trouver que les autres hommes sont fous ou malheureux depuis le commencement du monde, de les précipiter dans toutes sortes de désastres au nom de l'humanité ; de se croire plus sages que l'expérience des siècles, de se croire les seuls éclairés et les plus grands politiques que la terre ait jamais produits, et lorsque tant de calamités ont été la suite de leurs erreurs, de se supposer encore les êtres supérieurs destinés à donner des préceptes et à gouverner les humains ? — Cette folie noire n'est pas celle qui conduit à Bedlam ; mais l'Europe et l'Amérique n'auroient pas versé tant de pleurs si de bons verrous eussent, dès ses commencemens, réprimé cette aliénation épidémique. — Enfin, les peuples et les souverains ont ouvert les yeux sur les projets propagandistes de ces cerveaux privés d'une organisation complète, et ce doit être une consolation pour la France, jadis foyer de tant de bouleversemens, que ce soit d'elle que dérive la fin de cette espèce de respect que l'on portoit à ces idées destructives. — Enfin, le mot *justice* a repris ses droits. Ce mot dit tout. Aucune acception ne peut accroître sa force : tout ce qui l'altéreroit en détruiroit le principe ; il n'est point d'équivalent à ce mot compris par tous les hommes. — Par la justice les rois sont puissans ; par la justice les peuples sont heureux ; par les idées libérales, l'humanité incertaine flotte entre le déréglement et le despotisme. — La mémorable session de 1815 et 1816, en rendant au mot justice sa véritable autorité, a remis la France dans le vrai chemin de son bonheur, et peut-être son influence aura-t-elle délivré les peuples de cette tyrannie libérale qui menaçoit d'asservir les rois.

Lorsque le ministère actuel fut nommé, chacun s'applaudit de voir que d'honnêtes gens alloient enfin avoir la direction des affaires publiques. — L'intrigue n'avoit point eu de part à sa nomination. — La plupart des nouveaux ministres étoient alors absens de la capitale. — Les autres se refusoient à se charger d'un fardeau si lourd et si précieux. — On peut dire que jamais ministère n'a été rempli par des hommes qui se soient moins agités pour occuper des places éminentes. — Aussi la faveur publique accueillit la nomina-

Nouveau ministère.

fion de gens sages , quoique la supériorité de leurs talens n'eût pas encore été mise à l'épreuve: mais on étoit las d'être gouverné par ceux qui s'appeloient des hommes de génie, et l'on se félicitoit d'avoir affaire à des hommes vertueux et désintéressés. — Les chambres alloient se réunir. — Les nominations nouvelles étoient analogues au choix du ministère. — Partout les représentans, en général les plus honorablement connus, de la propriété avoient obtenu les suffrages des propriétaires de leurs départemens. On ne pouvoit que s'attendre à un accord parfait entre un ministère estimable et des hommes essentiellement amis de la monarchie. — Les ministres eux-mêmes ne pouvoient douter de cet accord, et ne pas croire que leurs intentions ne fussent presque une loi pour des hommes, animés de l'amour du bien public le plus désintéressé. — Cependant une espèce de lutte ne tarda pas à commencer entre la chambre des députés et le ministère, qui, loin de trouver, comme il auroit pu le supposer, une opposition inquiète dans le sens populaire, trouva l'immense majorité de cette chambre dans la volonté de détruire tous les principes factieux, de rendre à la royauté son éclat, et de mettre des entraves irrésistibles au retour des convulsions politiques:

mais la chaleur des opinions força le ministère à Division de la chambre prendre une teinte de modération qui, sans doute, appartient à des gouvernans, et dont il n'auroit pas eu besoin si les esprits eussent pris une direction différente. — Cette disposition du ministère inquiéta les amis les plus chauds de la monarchie; dans sa modération ils ne virent que la suite des dispositions à la mollesse des deux précédens ministères, et cette tendance vers ces idées libérales qui survivoient à la révolution.

Il étoit, sous quelques rapports, fort difficile aux ministres d'éviter ce reproche de la part des royalistes les plus ombrageux. Un ministère n'arrive pas au gouvernement sans qu'un ministère l'ait précédé. Quoique, par ses dispositions personnelles, il change de manière d'agir, il existe des faits qu'il ne peut anéantir. — Les fautes de ses prédécesseurs laissoient des traces que le ministère actuel devoit respecter. Au milieu des orages les plus difficiles, le monarque avoit dû se rendre parfois, soit à l'exigence du moment, soit à la confiance que son caractère lui commande d'avoir en des mandataires responsables envers les peuples du maniement des affaires publiques, et le ministère nouveau ne pouvoit pas ne pas reconnoître cette sanction de l'autorité royale, dont il tiroit sa nouvelle puissance. —

Ainsi, dans toutes les discussions et propositions de lois ultérieures, le ministère ne pouvoit que séparer ce qui venoit de ses prédécesseurs de ce qui portoit l'empreinte de la volonté royale et de ce qui devenoit un gage de la parole du roi.

Tout le monde ne comprit pas cette distinction, et plusieurs représentans ne surent pas bon gré aux nouveaux ministres de ne pas faire table nette et de ne pas considérer comme non avenu tout ce qui venoit de les précéder. — La crainte d'un retour vers la révolution échauffa des esprits long-temps persécutés par elle, et l'on se persuada davantage que le ministère se laissoit trop influencer par les idées modernes. — Il faut observer que le système de modération des ministres rapprocha nécessairement d'eux tout ce qui tenoit à ce parti, et la majorité de la chambre voyant cet accord en prit encore plus d'ombrage, sans réfléchir peut-être que la marche naturelle du ministère rapprochoit naturellement de lui tout ce que le système libéral comptoit encore de respectables dupes et d'aveugles partisans.

Esprit de corps. Lorsque des hommes sensés se réunissent et discutent long-temps sur leurs intérêts, il en résulte un esprit de corps qui n'est pas sans inconvénient. Il n'est pas possible que quatre cents individus dissertent pendant plusieurs mois sans que quelques reparties vives ne proviennent de cette situation. — L'entière confiance dans le ministère ne s'étant pas complétement établie, la session devant se prolonger, il étoit impossible qu'il ne survînt pas dans de certains momens des lueurs plus vives de mésintelligence. — Elles parurent affecter les ministres, d'autant plus qu'ils avoient le droit de se croire populaires dans l'assemblée, et de supposer qu'on leur tiendroit compte des preuves de dévouement à la cause royale qu'ils avoient données, soit avant, soit depuis la restauration. Cette impression parut augmenter leur tendance vers une modération plus décidée, et dès lors les opposans ne voulurent plus reconnoître les actes ultérieurs qui devoient rassurer sur la vigilance du gouvernement lorsqu'il s'agiroit d'un danger réel pour la monarchie. Ainsi, les deux partis du moment se piquèrent, et prirent de l'aigreur en s'estimant.

Dans un temps autre que celui pendant lequel nous avons vécu, sous un gouvernement représentatif, réglé par des usages anciens et par l'autorité de sa sagesse et de sa durée, de semblables altercations eussent paru le dérivé nécessaire de la forme du gouvernement représentatif. Le ministère auroit mis moins d'importance à l'opinion

5.

de quelques individus. Ceux-ci n'auroient pas pris autant d'ombrage de la disposition du ministère à une judicieuse tolérance, et la session eût été sans doute un modèle de convenance et d'union : mais une faction avoit intérêt à attiser la mésintélligence, ou plutôt à crier au scandale et à faire entrevoir le manque d'accord du gouvernement comme la preuve d'une dissolution prochaine, tandis que les difficultés ne s'élevoient que sur des nuances d'un intérêt commun, et que l'esprit monarchique dominoit uniquement tout ce qui faisoit partie du gouvernement.

Je ne prétends pas ici faire un éloge exclusif, et j'avoue que, dans les discussions qui viennent d'agiter l'intérieur du gouvernement, j'ignore d'où provient la première étincelle ; j'ignore quelle cause première a divisé les opinions. — Je ne doute pas que, dans une assemblée de quatre cents individus, il ne s'élève quelque prétention ambitieuse, quelque espoir d'occuper des places marquantes et de se créer un ministère à sa dévotion. — Puisque l'on veut un gouvernement représentatif, il faut en vouloir les inconvéniens, parmi lesquels on remarquera toujours la manie du ministère, et le désir de faire parler de soi : mais je crois que, dans la chambre des députés plus que dans aucune assemblée, cette foiblesse a été comprimée par l'intention du bien général ; et que c'est la manière d'y parvenir qui déterminoit l'immense majorité de l'assemblée.

Le premier projet de loi présenté par le ministère a produit pour le public le premier symptôme d'une division d'opinions. Il s'agissoit de définir ce que c'étoit que des cris séditieux ; par qui ces crimes ou délits devoient être jugés, et quelles peines encouroient les délinquans. La difficulté des temps exigeoit des formes promptes ; les cours prévôtales n'étoient point établies, et ne pouvoient l'être de long-temps : il étoit difficile d'allier la sévérité rapide et la justice exacte. — L'intérêt du moment fut consulté, mais la majesté des lois n'y gagna rien. Les délits de la plus dangereuse nature pour la société furent confondus avec ces délits envers les particuliers, qui ne sont que du ressort d'un tribunal correctionnel : enfin quelques articles de la proposition sembloient être autant une garantie donnée à la révolution qu'un épouvantail élevé pour rappeler les agitateurs à leurs devoirs ou à la crainte des lois.

La chambre sentit avec prudence ce que la discussion sur de pareilles matières avoit de délicat ; mais un grand nombre de députés furent affligés qu'on leur rappelât, à peu près inutilement, les temps de leurs désastres et la ruine de leurs amis; et ils portèrent constamment, depuis cette époque, un regard d'inquiétude sur la conduite du ministère; qu'ils accusèrent de foiblir encore aux idées révolutionnaires et à la crainte des factieux.

Cependant les actes ultérieurs du ministère auroient pu rassurer sur ses sentimens politiques. — Rien n'est moins libéral que les deux propositions de loi qui suivirent l'adoption de la loi sur les cris séditieux. La première avoit pour objet de remettre entre les mains des ministres le pouvoir de soustraire aux tribunaux les hommes prévenus d'attenter contre le gouvernement, et de les renfermer, par mesure de sûreté, pendant un temps limité; la seconde avoit pour objet l'établissement des cours prévôtales. — La discussion sur le premier de ces deux projets de loi fut remarquable par la vigueur dont les niaiseries philosophiques y furent humiliées. — Le rapporteur de la commission, M. Bellart, procureur-général, en examinant les lois romaines et anglaises, n'y trouve rien qui puisse en autoriser la suspension; « mais, dit-il, le bon sens et la grande » considération de la sûreté publique veilloient à » côté du pacte social pour défendre son exis- » tence contre de meurtrières omissions. Ces » deux peuples (les Romains et les Anglais)

» pensèrent, avec une sagesse infinie, que les
» mots ne sont rien auprès des choses ; que, pour
» avoir la liberté , il faut commencer par avoir la
» société , et qu'il n'y a que des insensés qui
» puissent s'arrêter à discuter froidement de
» vains sophismes pour savoir s'ils peuvent se
» défendre contre leurs ennemis lorsque leurs
» ennemis complottent déjà de les attaquer. »

Dans cette discussion, la tendance aux véritables idées politiques se fit généralement sentir dans l'assemblée. — Le parti des hommes à systèmes y perdit presque le droit de se faire entendre à l'avenir. — Un député demanda qu'avant de s'occuper de la loi, les ministres prouvassent qu'elle étoit nécessaire, et qu'ils fissent un rapport sur cet objet. — Une pareille délicatesse au moment où tant de motifs d'agitation frappoient les yeux les moins clairvoyans parut un objet de dérision. — L'assemblée entière s'éleva contre l'orateur de manière à faire entendre que le temps des abstractions idéologiques étoit passé, et qu'il ne seroit question désormais que de donner de l'action au gouvernement, et non plus d'entraver sa marche ; et la question ultérieure ne fut plus que de savoir à l'avenir quelle seroit la vigueur ou la modération dont on useroit pour marcher vers le but unique de l'affermissement de la monarchie.

Circulaire.   L'adoption de cette loi vigoureuse à une majorité presque totale sembloit devoir calmer l'inquiétude des plus incrédules sur la volonté d'action du ministère mais un incident diminua la confiance que la loi sembloit devoir faire renaître. Le ministre qui venoit de la proposer au nom du roi, celui sur lequel la loi reportoit le plus de sa puissance, parut effrayé de sa propre responsabilité. A peine la loi susdite eut-elle reçu la sanction des chambres, qu'une circulaire du ministre aux préfets, sur le mode de son application, parut en diminuer l'énergie et rassurer les factieux par la douceur de son exécution. — Cette circulaire, sans doute, auroit satisfait à tous les désirs si simplement elle n'eût été qu'une sage instruction aux agens supérieurs qui devoient participer de cette puissance momentanée : mais la manifestation de la douceur avec laquelle on vouloit faire usage de la loi parut nuire à l'effet qu'on s'en étoit promis. — Il est bien naturel, sans doute, de ne pas désirer de porter sur soi l'effroi qui doit suivre une loi de circonstance et de rigueur : mais dans un poste aussi salutaire, du moment où l'on se résigne à en supporter les avantages, il faut en partager les amertumes, et savoir se faire redouter des pervers ; c'est au roi, c'est à la puissance délibérante à faire bénir leurs intentions; c'est aux ministres à les exécuter.—Telle fut l'opinion d'un grand nombre de députés. — D'un autre côté, l'on peut opposer à cette manière de voir que la loi sur la liberté individuelle donnant au ministère une immense action, il étoit dans l'intérêt général de ne pas trop effrayer sur une mesure aussi répressive un trop grand nombre d'individus. — Ainsi donc cette faute, si c'en est une, reporta dans la chambre des députés une méfiance qui fut peut-être partiellement entretenue par quelques autres motifs que celui du bien public; mais que les démarches ultérieures du ministère n'eurent plus la puissance de détruire entièrement.

Cependant la conduite des ministres à l'époque du procès du maréchal Ney devoit assez faire sentir que lorsqu'il seroit question d'un danger réel pour la monarchie, ils sauroient retrouver l'énergie dont on leur reprochoit de manquer dans des circonstances moins essentielles. — C'est en vain aussi que la proposition de loi sur les cours prévôtales vint à l'appui de la confiance qui devoit renaître d'une disposition aussi manifeste à ne plus se laisser dominer par la crainte des factieux : mais lorsqu'un corps a pris de l'ombrage, il est plus difficile à ramener que pourroit l'être un particulier, parce que l'amour-propre des individus s'accroît par une influence réciproque, et que l'on tient d'autant plus à ses idées qu'elles ont été plus ostensiblement manifestées. — Depuis cette époque, un désir d'opposition aux vues du ministère, ou, pour mieux dire, à quelques ministres, ne cessa de se faire sentir de la part de la majorité des députés, et les esprits ne se rapprochèrent que lorsque l'intérêt général leur commanda ce rapprochement. — Toutes les propositions émanées du ministère, et qui tendoient à renforcer les prérogatives royales, furent non-seulement reçues avec faveur, mais encore les amendemens que la chambre désiroit y ajouter furent toujours dans un sens plus favorable à l'action du gouvernement. — Dès lors le parti ministériel se crut obligé de limiter l'extension que les opposans vouloient donner à la puissance exécutrice, et dans l'animosité de la lutte les deux partis s'accusèrent respectivement, les uns, de revenir aux temps de l'ancien ordre de choses, les autres, de vouloir se rattacher à la révolution.

Mais l'assemblée, indépendamment des opinions particulières émises dans son sein, a réellement conservé son noble caractère; non que je prétende qu'elle n'ait pas été sujette à l'erreur, mais ses décisions ont presque généralement porté l'empreinte d'une grande prudence : car la prévoyance énergique est, quoi qu'on en ait dit, une vertu dans les temps auxquels nous venons d'échapper. — Le véritable point, objet des discussions ultérieures, fut l'interprétation de divers articles de la Charte constitutionnelle, aux mots de laquelle les uns prétendoient s'attacher minutieusement. Les autres prétendoient que la Charte n'étant pas assez précise, on devoit tout interpréter dans le sens le plus rassurant pour la durée de la monarchie.

Il faut faire une observation sur les constitutions représentatives en général, c'est qu'elles ne peuvent être salutaires qu'autant que l'on se donne le droit de les enfreindre, ou que lorsqu'on les enfreint en cas de nécessité, sans en avoir le droit. — Nous avons peu d'exemples des temps anciens à recevoir sur la réelle liberté des gouvernemens républicains ou des monarchies à représentations nationales délibérantes, parce que ces gouvernemens ne peuvent convenir à la société que lorsqu'elles se trouvent dans de certaines conditions qui, depuis le commencement du monde, ne se sont rencontrées que bien rarement. — On ne peut disconvenir que ces gouvernemens ne soient en général beaucoup plus tumultueux que ceux des monarchies tempérées, et que, par leur nature, elles n'entraînent souvent les nations

Infraction
aux constitu-
tions.

vers une sorte d'effervescence dont elles ne peuvent sortir que par des moyens violens. — Les Romains, dans ces temps de crise, donnoient à leurs consuls une autorité despotique, et les Anglais jouissent d'une grande liberté; mais ils n'hésitent jamais à suspendre les lois de la liberté individuelle; mais ils n'hésitent pas à gouverner militairement les cantons d'Irlande qui tentent de se révolter. — La populace anglaise se révolte dans les trois royaumes plus souvent que toute la populace du reste de l'Europe; mais on n'hésite pas à tirer sur le peuple. — Il n'y a pas de pays où la partie de la nation qui tient au gouvernement soit, moins dupe des idées libérales, et c'est là ce qui soutient tout le système anglais; c'est-à-dire que les Anglais savent toujours lorsqu'il faut se placer au-dessus de la situation ordinaire des choses pour maintenir la société dans l'ordre qui lui est nécessaire relativement à sa situation du moment. — C'est là, je pense, la marche naturelle à suivre dans une position qui présentoit autant de difficultés que la nôtre, et c'est là ce que l'assemblée paroît avoir toujours senti. — Cela ne signifie pas que l'on ne veut plus de la Charte; cela signifie qu'on veut son établissement sur un pied stable. On veut un retour à l'ordre qui ne soit point éphémère, mais qui résulte de l'amélioration des mœurs et du calme des esprits. — Ce n'est point en agitant le brandon des idées libérales qu'on peut rendre heureux vingt millions de cultivateurs ; ce n'est pas un jacobinisme mitigé qui doit établir les fondemens d'un gouvernement durable. Ce seront les véritables royalistes, excessivement affligés de la révolution, qui regrettent sincèrement l'ancien temps, qui donneront à la Charte cette durée qui la rendra respectable, qui la veulent, non parce que leur intérêt exclusif les porte à la vouloir; non parce qu'elle est le produit d'une succession des plus douloureuses catastrophes, mais parce que leur bon sens leur fait sentir que l'on ne peut détruire, sans de nouvelles alarmes, des résultats déjà sanctionnés par le temps, et que l'on ne pourroit revenir sans danger à des lois, coutumes et usages dont la destruction insensée a cependant produit tant de ravages.

Ce n'est nullement sortir de l'esprit des gouvernemens représentatifs que de ne considérer une constitution que comme un point d'appui dont il faut s'éloigner le moins possible ; dont les bases premières doivent être inébranlables; mais qui dans ses détails ne doit pas rivaliser, comme l'a fort bien dit M. Bellart, avec la grande considération de la sûreté publique ; et dans la situation où nous sommes, ramener les esprits à l'ordre, les idées à la modération, rendre au trône légitime un éclat imposant, sont aussi des considérations publiques qui ne sont pas immédiatement celles de l'instant, mais qui seules peuvent donner de la durée à notre bonheur.

Beaucoup d'individus n'ont point considéré les circonstances sous un point de vue qui me paroisse aussi solide. La Charte constitutionnelle a été souvent invoquée sans que les temps soient entrés pour rien dans ce calcul. Le terme exact de ce pacte social sembloit pour eux la vérité sous laquelle il falloit plutôt engloutir la nation que de la faire triompher de ses dangers par une infraction, je le suppose, aux mots et non à l'esprit de la Charte, qui d'ailleurs reconnoît dans certains cas la nécessité des cours prévôtales, et par conséquent des mesures extraordinaires. — Il faut encore observer que les constitutions ont des bases dont on ne peut se départir sans désorganisation : telles que la division des pouvoirs exécutif et législatif, la non responsabilité du souverain et la responsabilité de ses ministres, la représentation de la propriété, etc. ; mais qu'il peut exister dans une Charte des préceptes secondaires dont l'infraction, sanctionnée par les pouvoirs réunis, peut être salutaire, au lieu d'être une cause de désorganisation.

Il n'y a que deux choses qui puissent attribuer

à une Charte un respect total; ce sont la perfec- Respect
des lois.
tion reconnue, ou la durée qui peut suppléer à la perfection. Nous ne nous trouvons, il faut en convenir, dans aucuns de ces deux cas, puisque nos trois pouvoirs réunis ont déjà senti la nécessité d'étendre la prérogative royale au-delà de ses bornes constitutionnelles, et que nous ne pouvons nier que l'existence de la Charte, que nous avons vue naître, n'ait participé des temps difficiles où le monarque, en sa sagesse, a daigné l'accorder à ses peuples. Le retour de Buonaparte est un phénomène malfaisant, si puissant dans ses conséquences, que l'ordre établi pendant son absence ne s'est plus trouvé suffire aux circonstances accablantes où nous nous sommes retrouvés; et sans doute on ne peut qu'applaudir à l'union du gouvernement dans les mesures qu'il a prises en contradiction avec ce qui précédemment devoit être la cause de notre félicité, mais ce qui n'étoit plus d'accord avec les intérêts du moment, et ce qui pouvoit nuire essentiellement à la sûreté publique.

Il ne faut donc pas se récrier, comme souvent Sûreté
publique.
on l'a fait, contre ceux qui pensoient que la sûreté publique devoit être la première considération des mandataires de la propriété; mais aussi l'on a souvent voulu confondre l'opinion émise des individus avec les résultats provenans du contact des

opinions. Ce que les chambres ont approuvé, ce que le monarque a consenti, ne peut être l'objet d'une critique fondée; et, pour parvenir à ce but, il falloit nécessairement que des opinions divergentes eussent dépassé le point de douceur ou de sévérité entre lesquelles le gouvernement a cru devoir diriger sa marche. Lorsqu'on relira de sang-froid plusieurs discours des orateurs auxquels on a reproché de la véhémence, on observera que presque tous les motifs des opinions diverses étoient d'une nature importante, et qu'ils n'étoient pas assez loin de la vérité pour ne pas être au moins l'objet d'un début judicieux. On peut dire même que, s'appuyant souvent de l'autorité de beaucoup de siècles, ces orateurs ont en général offert à la puissance royale des ressources plus simples à l'action du gouvernement. Il n'est pas entré dans le calcul du ministère de faire usage de ces moyens; mais plus des ministres vieilliront sous le harnois, plus ils sentiront que par la répression les difficultés disparoissent, tandis que par l'attente d'une punition foible et lointaine l'audace s'accroît, et les difficultés ne cessent de se multiplier.

La chambre des députés même a quelquefois adopté des démarches d'une douceur adoucie au-delà peut-être de l'équité rigoureuse. On n'accusera certainement pas son inflexibilité lors de la discussion de la loi sur les cris séditieux. Mais quelques orateurs qui furent d'avis que les provocateurs à la révolte encourussent la peine de mort furent presque considérés, par des hommes de parti, comme des êtres sanguinaires, et le nom de jacobins blancs fut imaginé pour les désigner au corps des libéraux. On apercevra dans cette loi de circonstance une particularité qui sans doute ne peut échapper à des législateurs que par des motifs d'un intérêt puissant et momentané. Il résulte de son application qu'un homme qui provoque à la révolte, et qui ne réussit pas à produire une révolte, ne se trouve pas lui-même en état de rébellion. L'établissement salutaire des juris semble cependant en contradiction avec cette manière d'envisager les délits, puisque sous son régime l'intention manifeste est le point essentiel qui détermine la culpabilité : d'ailleurs l'autorité royale perd de ses droits en perdant l'occasion de faire grâce à propos, et l'on ne peut douter que de nos jours la clémence royale ne sera jamais réclamée en vain lorsque l'intérêt immédiat de l'État ne s'opposera pas à sa généreuse application. Les hommes qui dans leur âme et conscience ont cru que l'appareil de la sévérité dans des temps difficiles étoit préférable aux lois mitigées et à des considérations secondaires, ne peuvent pas être taxés d'esprit

fougueux ni d'êtres sanguinaires, puisque les institutions nouvelles d'accord avec les temps anciens
viennent à l'appui de leur façon de penser. Il
sembleroit, au dire de certaines gens, que faire
une loi qui condamne à mort, c'est vouer à la
mort tels individus par esprit de parti ! Faut-il
donc accuser les lois anglaises de cruauté parce
que le vol est puni de mort en Angleterre, tandis
que par nos lois nouvelles les voleurs ne sont condamnés qu'aux fers ? Chaque mauvais sujet des
deux pays connoît le sort qui l'attend : lorsqu'il
commet un crime, il a fait son marché. Si son
instinct l'entraîne malgré la répression des lois,
peut-il s'en prendre au législateur ? Est-ce le législateur qu'il faut taxer de cruauté ? Il faut que
chacun fasse son état. Que diroit-on d'un homme
qui se feroit cuisinier, mais qui se refuseroit à tuer
un poulet ? On lui diroit : « Ne soyez point cuisi-
» nier. » De même un homme qui se destine à
faire des lois ne doit point écouter les foiblesses
de son cœur. Il doit agir suivant sa conscience et
l'exigence de la sûreté publique.

Ce n'est pas seulement de nos jours que l'on
prêche la tolérance ! C'est l'arme que la philosophie moderne emploie en général avec le plus
d'efficacité, et c'est par elle qu'elle a causé des
malheurs incalculables. Dans une lettre qui se
trouve dans la correspondance de Grimm (t. II,

2ᵉ partie, pag 242)., l'abbé Galliani, contemporain
et ami de Voltaire, de Diderot, de Condorcet,
de d'Alembert, du baron d'Holbach, etc. etc. con-
seille aux philosophes de son parti de prêcher aux
princes la tolérance afin qu'ils donnent dans le
piége, et qu'ils s'aveuglent sur leurs propres intérêts. Cependant il dit : « Tous les grands hommes
» ont été intolérans, et il faut l'être. »

Cette horrible maxime d'un des partisans les
plus évidemment spirituels de la philosophie moderne développe les projets de la secte, et les
moyens d'arriver au but qu'elle se proposoit. Il
faut donc ne pas se laisser endormir sur les idées
de tolérance que l'on jette en avant. Il n'appartient pas à des hommes de l'opinion que je pro-
fesse de se porter à l'intolérance par une réciprocité
répréhensible. Mais il leur convient, lorsqu'ils sont
mandataires de leurs concitoyens, de déployer une
justice sévère, et de ne pas se laisser écarter de
l'austérité de leur caractère par les criailleries per-
nicieuses d'une secte essentiellement intolérante
et persécutrice (1).

____

(1) Il est bon de savoir jusqu'où la philosophie moderne a porté
les préceptes d'intolérance : on se souvient de ces deux vers de
Diderot que l'on peut qualifier de précurseurs du drapeau rouge :

Et ses mains ourdiroient les entrailles du prêtre,
A défaut d'un cordon, pour étrangler les rois.

Plusieurs philosophes révolutionnaires ont tourné avec com-

Je ne puis m'empêcher, à l'occasion de la loi sur les cris séditieux, de faire remarquer les progrès qu'imperceptiblement l'esprit de tolérantisme phi-losophique a fait sur les hommes généreux qui n'en aperçoivent pas le but assez distinctement. On s'est servi des malheurs de l'émigration pour effrayer sur le danger des confiscations. On a voulu confondre le dépouillement, la proscrip-tion, avec le jugement régulier et la dépossession légale. Par la suite de ces considérations, il se trouve que les crimes d'individus à individus en-traînent, outre la mort, des peines pécuniaires ; mais que les crimes envers l'Etat, crimes les plus dan-

plaisance autour de cette idée, et le curé d'Etrépigni, en Cham-pagne, Meslier, s'exprime ainsi à la fin de son testament philo-sophique : « Je voudrois, dit-il, et ce sera le dernier comme le
» plus ardent de mes souhaits, je voudrois que le dernier des rois
» fût étranglé avec les boyaux du dernier des prêtres. » Voici ce que le philosophe Naigeon, ami de Diderot, etc. etc. pense de ces dernières lignes du testament de ce *digne prêtre* (c'est ainsi qu'il le qualifie) : « Elles ne présentent pas seulement un des
» résultats les plus importans qu'on puisse tirer de l'étude
» de la philosophie, c'est encore, sous tous les rapports, le vœu
» d'un vrai philosophe, et qui a bien connu le seul moyen de
» tarir partout, en un moment, la source de la plupart des
» maux qui affligent depuis si long-temps l'espèce humaine. » —
Plus loin il dit : « On écrira dix mille ans si l'on veut sur ce
» sujet, on ne produira jamais une pensée plus profonde, plus
» fortement conçue, et dont le tout et l'expression aient plus
» de vivacité, de précision et d'énergie. » (*Dictionnaire de Philosophie ancienne et moderne*, tom. III, pag. 239, article signé Naigeon.)

gereux à la société, ne sont punis que par la perte de la vie; tandis que ceux qui tentent d'ambitieux bouleversemens craignent en général peu la mort, mais qu'ils redoutent toujours la perte de leur fortune. La crainte des confiscations, suite d'un jugement légal, n'est justifiée en France par aucun exemple : personne, depuis l'avènement de la branche des Bourbons à la couronne de France, n'a été condamné suivant des formes légales, avec l'intention de dépouiller l'individu : mais on a voulu détruire la force par laquelle le gouvernement peut le plus effrayer les hommes à bouleversemens. En dépit de l'exemple de toutes les législations, les crimes de haute trahison n'entraînent plus chez nous et seulement chez nous la confiscation des biens, qui sans doute est le plus grand frein aux entreprises contre la sûreté publique. On ne doit certainement pas recevoir aveuglément tout ce qui peut nous venir de défectueux des temps anciens; mais lorsque l'expérience des siècles n'est pas en contradiction avec notre raison, ne devons-nous pas accorder quelqu'estime à ce qui s'est vu de tout temps, et lorsque tous les législateurs ont dans les cas les plus graves contre la société prononcé la peine la plus susceptible de les prévenir, devons-nous croire notre philosophie intéressée à diminuer la vigueur et la majesté des lois? Faut-il invoquer cette tolérance de l'abbé Galliani? et ceux qui penchent vers une sévérité régulière qui rend la clémence royale à tous ses droits, doivent-ils se croire cruels et se soumettre à ce despotisme des faiseurs de philosophie moderne, qui n'ont d'autre but que de brouiller les idées saines lorsqu'ils ne peuvent plus embrouiller les événemens?

Ce n'est pas par amour du sang que l'on fait des lois pénales rigoureuses; ce n'est pas pour que des coupables soient punis; c'est pour qu'il n'y ait pas de coupables. Approuvons l'abolition des supplices qui faisoient tort à la civilisation; rendons à l'institution des juris cet hommage, que l'impartialité de ses jugemens ôte au criminel jusqu'au droit de maudire ses juges; mais après ces judicieuses concessions faites à l'humanité, ne nous laissons plus envahir par les idées d'une clémence corruptrice : n'oublions pas que c'est le salut de la société, que c'est l'humanité même, qui doivent armer les législateurs contre toute fausse sensibilité, contre tout esprit de parti, qui ne tendroient dans leurs résultats qu'à la désunion du corps social; et ne perdons jamais de vue que, sous des gouvernemens représentatifs surtout, une pitié déplacée n'est qu'une injustice envers la société, qui ne trouve de vrai repos que dans l'exercice de lois vigoureuses faites pour sa sécurité.

Ce fut à l'époque des discussions sur la loi d'amnistie que le parti philosophique profita de la chaleur des opinions pour représenter la chambre des députés comme étant en proie aux divisions intestines les plus dangereuses, et c'est de là que prit naissance le reproche d'ôter au souverain l'initiative de la proposition des lois par des amendemens hors de mesure et contraires au droit de la puissance royale. — Je ne devrois considérer ic que l'accord extraordinaire qui résulta de dissensions apparentes. Après de longs débats, après une animosité prétendue la plus fâcheuse à la chose publique, toutes les opinions se réunirent par une explosion soudaine, parce qu'un sentiment d'indignation française vint rappeler à tous les cœurs, qu'indépendamment des lois, il existe des principes d'un honneur rigoureux qui n'entrent ni dans le calcul de la jurisprudence ni dans les théories des gouvernemens. Tous les membres de la chambre des députés prononcèrent simultanément l'expulsion des régicides : cet élan ne s'arrêta pas là ; bientôt la chambre des pairs, malgré le calme de la réflexion, n'hésita pas à se livrer à la même impression, et à une majorité de cent vingt membres sur cent quarante-un votans, elle décida l'expulsion des régicides. On peut, en remar-

quant cet accord si décisif, se servir de l'expression des ministres du roi, retraçant à la chambre
des pairs ce qui venoit de se passer trois jours
avant dans celle des députés : « Témoins (dirent-ils)
» de l'élan de toutes les âmes dans la séance du
» 6 janvier, nous croyons pouvoir dire que ce
» jour-là la chambre a offert un spectacle digne
» des beaux temps de la monarchie. » — D'après
un résultat si frappant d'une discussion si vive,
comment ne pas voir que la différence des opinions tenoit à des nuances, et que l'immense
majorité des hommes du gouvernement s'entendoit parfaitement sur le fond des choses?....

Commission. Mais je dois aussi m'attacher à examiner la
conduite de la commission chargée de l'examen
de la loi, car c'est particulièrement contre elle
que le parti des modérés se déchaîna immodé-
rément. — Je préviens que je n'ai jamais approuvé la division des catégories : mais en même
temps que je crois que la commission alloit au-
delà de la nécessité, je dois examiner son travail
sous un autre point de vue. — Une commission
est comme un homme d'affaires que l'on charge
d'examiner une question. Il doit la présenter indépendante de son opinion, telle que les faits
existent. Il doit établir les droits de son mandataire, ceux de la partie adverse dans toute leur

plénitude. — S'il existe à faire de judicieuses concessions, c'est au mandataire à exercer ce privilége. — Par exemple, dans ce cas-ci, la commission pouvoit-elle passer sous silence l'ordonnance du 24 juillet, qui concédoit aux chambres le droit de désigner les individus à excepter de l'amnistie? Il falloit nécessairement que les commissaires de l'assemblée, qui n'étoient pas l'assemblée, partissent du droit antérieurement dévolu aux chambres.—C'étoit à la chambre des députés à reprendre l'attitude qui lui convenoit. Elle a su se prêter aux circonstances; elle a rejeté ce qu'elle a cru prudent d'écarter des amendemens de ses commissaires. — Elle a conservé avec vigueur et unanimité ce qui tenoit à la dignité de la nation française; chacun a fait ce qu'il devoit faire; aussi la conduite de la commission s'est trouvée l'objet des récriminations philosopho-philantropiques, bien moins par le fait sa décision, que par la façon anti-révolutionnaire dont elle classoit les délits envers l'Etat, et dont elle rappeloit aux anciens principes de l'honneur français ceux que vingt ans de corruption en avoient égarés.

Il existe aujourd'hui, chez beaucoup d'individus, une singulière bonhomie en fait d'immoralité. — Un homme me présenta dernièrement, Démoralisation.

comme certificat de bonnes mœurs, une attesta-
tion du maire de sa commune, qui portoit qu'il
n'étoit pas à sa connoissance que ce particulier
eût jamais été repris de justice. Cet homme me
demanda, avec ingénuité, ce que j'exigeois de
plus. — Récemment un homme en place fut
sollicité pour la nomination d'un emploi vacant :
après des informations prises à l'égard du sollici-
teur, il se trouva qu'un individu, porteur d'un
nom semblable au sien, avoit été condamné précédemment à une peine infamante. L'administrateur, forcé de s'éclairer, lui fit de nouvelles
questions. Il lui demanda s'ils n'étoient pas plusieurs du même nom ; si ses noms distinctifs
n'étoient pas tels et tels ; s'il n'avoit pas fait telle
chose, occupé tel emploi. Sur sa réponse toujours
affirmative : « Mais en ce cas, s'écria-t-il avec
embarras, c'est contre vous qu'un jugement a été
rendu ? — Oui, monsieur. — Mais enfin, con-
tinua l'administrateur avec confusion, vous avez
été condamné aux fers ? — Oui, monsieur,
répondit l'autre froidement, mais j'ai fait mon
temps. »

On ne peut nier que, dans un temps ordinaire,
lorsque la démoralisation n'a pas reçu d'une succession inouïe de vicissitudes politiques, toute
l'influence qu'elle peut acquérir sur l'esprit des

peuples, une ignorance aussi complète de la distinction du bien et du mal, une aussi froide indifférence pour le vice et la vertu, ne se rencontreroient pas dans les plus basses classes de la société. — C'est cette pente dégradante vers une insouciance si nuisible à l'honneur national, que la commission a cru de son devoir de combattre, et c'est là le tort grave que les philosophes dégénérés, et qui sentent pénétrer l'aiguillon, ne lui pardonneront pas. Cette proscription, aux yeux de l'Europe, cette manière rigide de détailler les délits publics, et d'établir que la peine encourue ne produit pas exclusivement, aux yeux de l'opinion publique, le mépris ou l'indignation que mérite une conduite infamante, cette manière d'abaisser un orgueil qui s'élève au niveau des forfaits, paroîtront aux yeux de l'histoire le produit de l'honneur et même de la sagesse. Aussi prit-on une peine infinie à faire envisager les travaux de la commission comme un coup de parti, et comme l'œuvre de l'exagération.

Cependant il est nécessaire dans un Etat de faire la part des mauvais sujets. Depuis la philosophie moderne les choses sacrées ont été tournées en ridicule. Du temps de Voltaire, de Diderot, et autres spoliateurs du respect humain, la société avoit peu à peu pris une teinte presque générale d'immoralité; et sur toutes choses, elle aimoit à s'en faire gloire. Peu de religion, fort peu de mœurs de famille survivoit au ton de plaisanterie qui planoit sur tout ce qui s'appelle morale. On peut dire que la révolution des esprits étoit faite avant que la révolution éclatât. Cependant le mot honneur étoit trop inhérent au caractère national pour que Voltaire et consorts ne craignissent pas de le ridiculiser. Ils connoissoient leur portée. Nos révolutions n'ont fait que dénaturer, sans oser l'anéantir, ce vieux mot de la monarchie. Buonaparte en a fait son cheval de bataille tant que pour lui-même il ne s'est pas agi de mourir; et si la France a valu quelque chose depuis la révolution, c'est à la conservation de cette seule vertu qu'elle doit le faux éclat dont elle a brillé. Mais du moins on ne peut refuser à l'ancienne propriété un amour sincère et éclairé de la monarchie. La noblesse, à quelques exceptions près; une immense quantité de nobles, bourgeois qui n'ont pas cru devoir attendre d'être ducs et pairs pour aimer leur roi et leur patrie; une grande partie du clergé de France, qui portée sur terre étrangère y a constamment fait honorer son caractère, ont heureusement fait connoître à l'Europe que les Français savent aussi ce que c'est que le devoir et la persévérance, et ils peuvent se glorifier, au milieu de beaucoup de démoralisation, de lui avoir donné de grands exemples de fidélité. Il convenoit à l'assemblée des représen-tans de cette propriété de rendre la France à toute son ancienne renommée, et je ne puis qu'ap-plaudir à ceux qui si hautement lui ont ouvert le chemin de ses antiques vertus.

Plusieurs orateurs ou écrivains du moment ont voulu voir dans la rentrée de Henri IV à Paris de l'analogie avec la situation présente. Ils ont tou-jours voulu représenter ce bon roi comme un prince excessivement clément. Mais la clémence de Henri IV avoit des bornes très resserrées, et d'ailleurs personne ne lui avoit personnellement manqué de foi. Il existe peut-être quelque simili-tude entre cette époque et la première rentrée du roi à Paris, mais nullement avec la seconde rentrée ; et si même les erremens de l'ancien temps eussent été suivis ; si des exceptions sages eussent éloigné du royaume ou même de la capitale les boute-feux du parti révolutionnaire, et surtout les meur-triers de Louis XVI auxquels, par là le roi sans doute eût encore fait une grâce unique dans l'his-toire, Buonaparte n'eût pas retrouvé dans la plu-part d'entr'eux ces agens de discorde, qui ne de-voient qu'avec répugnance pardonner au sang royal. Henri IV a pardonné à ceux qui par un zèle religieux s'étoient refusés à lui prêter le ser-

ment de fidélité qu'ils devoient à son droit de
naissance. Les hommes qui même avoient com-
battu contre lui n'étoient pas des hommes à lui
manquer de foi. Villars, Mayenne et autres n'é-
toient pas capables d'abuser de leurs sermens.
Henri IV savoit qu'il pouvoit se fier à eux. L'amnistie sous le rapport des chefs militaires catho-
liques étoit sans inconvénient; mais il devoit am-
nistier les hommes crédules et obscurs, qui ne sont
que des instrumens dans la main des factieux, et
sa fin a prouvé le danger de ce pardon nécessaire.
Il n'en est pas moins vrai qu'on ne les marchanda
pas, et que le parlement faisoit avec la plus grande
rigueur justice de tout ce qui prenoit la moindre
hardiesse. Les exemples du bannissement des
ligueurs les plus forcenés; le supplice de ceux qui
directement ou indirectement avoient pris part à
l'assassinat de Henri III; enfin la condamnation
et l'exécution de ceux qui, pendant la Ligue,
avoient commis des meurtres individuels, tels que
ceux du président Brisson, et des conseillers
Larcher et Tardif, etc. etc. firent connoître aux
factieux obscurs le sort qui les attendoit en cas de
nouvelles rébellions; et le caractère personnel du
roi n'étoit nullement fait pour les tranquilliser.
Personne n'étoit meilleur que lui; mais ses habitudes et le temps sous lequel il avoit vécu avoient

endurci son excellent cœur contre la manie d'épargner ceux qui n'en vouloient qu'à son trône et à sa personne. Il n'y a que ceux qui n'ont pas lu l'histoire du règne de Henri IV, qui peuvent faire un si grand étalage de sa clémence, ou bien ils ont lu l'histoire à travers le prisme des idées dites libérales; et à coup sûr ils n'ont pas vu la chose telle qu'en effet elle a existé.

Si l'on veut se rappeler des événemens de ce temps, on trouvera que le parlement condamna à mort, le 27 août 1594, les nommés Rozan, Aubin Blondel, et Hugues Danel, comme ayant participé à la capture du président Brisson. Le 29 novembre, six autres furent condamnés au bannissement, et deux condamnés aux galères. Depuis ce temps le procès fut fait par défaut à ceux qui s'étoient retirés en Flandre. Bussy-le-Clerc, N. Le Normant, Morin dit Crancé, Crucé, Mongeot, Perset, Le Pelletier, Amilton, Cochery, Bazin, Choulier, Soly, Tuault, Le Roy, Dusur, dit Jambe-de-Bois, et Dubois, furent condamnés à avoir les bras, cuisses, tant haut que bas, et les reins rompus sur un échafaud, dressé en place de Grève, etc. etc.; et du Rideau, Rainssaut, Godau, Pattau, de Luppé, Loyne, Thomassin, Logereau, Régis et Bourin furent condamnés à être pendus et étranglés à potences croisées, etc. etc. si pris et appréhendés pouvoient être. Dusur, dit Jambe-de-Bois, fut arrêté et condamné par un nouvel arrêt à être pendu et brûlé, ce qui fut exécuté.

« Cette justice, dit Palma Cayet, rendit les plus
» remuans si obéissans, que depuis les factieux
» entre le peuple n'eurent plus envie de remuer
» qu'une seule fois, savoir après qu'Amiens fut sur-
» pris des Espagnols. Voilà la fin de la faction des
» seize dans Paris, et comment les factieux furent
» châtiés. »

L'Etoile raconte le fait suivant :

« Le mardy 22 , comme le roy arrivoit à Saint
» Germain en Laye, furent pris huit voleurs qui
» par leurs paroles et variations se rendirent sus-
» pects d'être venus là pour tuer le roy : car ils
» s'étoient enquis à quelle heure il passeroit, s'il
» étoit bien accompagné, quel habit il portoit,
» et autres circonstances, qui les envoyèrent tous
» bottés au gibet ; car ils furent pendus aux
» torches par les gens de Vitri, à faute de bourreau. »

» Un de ces galans étoit un apothicaire, qui
» demanda de parler au roy, auquel Sa Majesté
Bon mot de » s'étant enquis de quel état il étoit, lui répondit
Henri IV. » qu'il étoit apothicaire. — Comment, dit le
» roy, a-t-on accoutumé de faire ici un état
» d'apothicaire ? guettez-vous les passans pour
» leur donner des clistaires ? »

Ces faits, que l'idéologie ne peut anéantir, prouveront que Henri IV domina les troubles de son règne par de la vigueur autant que par sa clémence, à laquelle sans doute son cœur étoit enclin; mais il savoit ne pas être dupe. — Malgré cette conduite, plusieurs hommes du peuple attentèrent à sa vie: Jean Chastel le blessa quelque temps après son entrée à Paris. Quinze ans après, Ravaillac l'atteignit pour le malheur de la France: — Ces crimes individuels ne pouvoient être la suite de la clémence ou de la sévérité de ce grand roi. — Le fanatisme religieux rend possible et plus dangereux un instant d'audace à celui qui croit aller au ciel par la mort prompte à laquelle il se voue. — Aujourd'hui nos appréhensions à cet égard doivent être moindres, puisque l'espoir du ciel n'entreroit sans doute pour rien dans le calcul des forcenés du temps présent. — La soif de l'argent peut faire entreprendre de pareils crimes, mais ne les fait pas exécuter. — D'ailleurs, l'établissement d'une garde aussi nombreuse que celle du roi, l'exacte vigilance de tant de serviteurs bien éprouvés, ne laisseroient aux criminels que la perspective d'une mort prompte ou d'un supplice inévitable; et le fanatisme de l'athéisme n'est pas de nature à les braver.

Enfin, pour terminer l'examen des discussions

sur la loi d'amnistie, que l'on veuille comparer les pays où l'on a régné par une juste rigueur avec ceux dont les souverains se sont livrés à la seule espérance de ne conjurer les orages politiques que par les concessions qu'ils ont faites à leurs ennemis, soit intérieurs, soit extérieurs, et l'on trouvera que le bonheur des peuples, que le vœu d'une humanité véritablement éclairée, réclament le maintien d'une sévère justice proportionnée aux temps et à leurs difficultés.

Henri IV a fait par sentiment une réflexion profonde que des gouvernans ne doivent pas dédaigner de mettre à profit. — Blessé par Jean Chastel, et le cœur navré de se trouver en butte à la haine injuste de quelques-uns de ses sujets, il marchoit escorté vers Notre-Dame pour rendre grâce à Dieu de sa délivrance.

Anecdote.
« Cependant le peuple (dit l'Etoile) avec une
» merveilleuse allégresse, crioit si haut vive le
» roi, que tout l'air en retentissoit, et ne vit-on
» jamais un si grand applaudissement de peuple
» à roy que celui qui se fit ce jour à ce bon
» prince partout où il passa ; sur quoi il y eut un
» seigneur, proche de Sa Majesté, qui lui dit :
» Sire, voyez comme tout votre peuple se réjouit
» de vous voir. Le roy, secouant la tête, lui ré-
» pondit : C'est un peuple..... Si mon plus grand

» ennemi étoit là où je suis, et qu'il le vit passer ;
» il lui en feroit autant qu'à moy, et crieroit
» encore plus haut qu'il ne fait. »

Il faut tirer de là cette conséquence que, pour
le bien du peuple, que même pour s'en faire
aimer, il faut d'abord le dominer, ensuite sans
doute il faut le gouverner avec douceur ; et la
douceur, en fait de gouvernement, c'est l'équité.
— C'est la clémence sans doute, lorsqu'elle peut
s'allier à la force des lois ; mais c'est au monarque
seul qu'il appartient de la départir en sa sagesse
et selon son cœur, et tout ce qui n'est que magis-
trats doit à son caractère, doit à la société de ne
pas transiger avec cette justice relative aux délits ;
qui représente imparfaitement, mais qui représente sur la terre l'immuabilité de la justice cé-
leste, mais sans partager avec le monarque les
attributs de bonté qui sont joints à la toute-
puissance.

La loi sur les élections amenèrent de nouvelles
discussions. — La commission de la chambre des
députés, chargée d'examiner la loi présentée par
les ministres, fit presque une loi nouvelle, et la
présenta sous le titre d'amendemens à la proposition ministérielle : du moins c'est ainsi que les
orateurs ministériels firent considérer le travail de
la commission, et l'on opposa la Charte à la

Élections.

7.

plupart des propositions nouvelles. Ici les opinions divergentes se trouvèrent singulièrement embrouillées. La formation des chambres avoit été effectuée d'une manière tout inconstitutionnelle. — Les ministres de 1815 avoient cru devoir faire céder la considération du respect de la Charte aux cris de la fin de la révolution et des révolutionnaires, qui croyoient gagner quelque chose à ce changement, et qui se sont cruellement trompés. — La chambre des députés se trouve, par l'ordonnance de juillet 1815, composée de quatre cent deux membres au lieu de deux cent cinquante-huit, et les députés ont acquis le droit d'être choisis dès l'âge de vingt-cinq ans au lieu de l'être à quarante seulement, selon l'article 38 de la Charte constitutionnelle. Le ministère avoit cru se renforcer en augmentant la représentation nationale, et trouver plus de partisans dans de plus jeunes têtes, et dans l'âge d'une effervescence plus active ; mais il fut dupe de son espoir. Le fait du non paiement des représentans des départemens fixe à la propriété le droit d'être mandataire du peuple ; et, dès ce jour, la révolution a été détruite sans ressource. — Les ministres actuels, entraînés par la marche de leurs prédécesseurs, ne pouvoient s'empêcher de présenter à la chambre nouvelle des conditions autres que celles

sous l'influence desquelles elle avoit été formée.—
Mais la commission trouvant que deux des articles de la loi proposée par les ministres n'étoient
pas dans l'esprit de la Charte, crut pouvoir demander d'autres restrictions plus analogues à l'essence du gouvernement, mais également contraires
au texte de la Charte. — La commission deman-
doit que la chambre des députés fût renouvelée
en entier au lieu de l'être par cinquième, et le
développement de ce puissant amendement prou-
voit beaucoup en faveur du projet. — Le parti
ministériel cependant avoit mauvaise grâce à crier
à l'infraction de la Charte, lorsque pareillement
la proposition du ministère lui étoit textuellement
contraire. — De cet embarras, qui redoubloit
l'extrême difficulté de la chose, il naquit une
grande confusion dans les idées, et du chaos il
sortit une proposition de loi peu concordante
avec celle des ministres. Les deux lois parurent
également défectueuses aux hommes désintéressés, à la chambre même aussi bien qu'au ministère, et la chambre des pairs sanctionna le
vœu général en rejetant la loi, soit changée, soit
amendée par les députés des départemens. — On
remit très-prudemment à la session suivante la
discussion d'une loi si délicate à bien établir, et
si importante pour la suite des temps. Mais au

milieu de l'incertitude on s'accorda sur le principe essentiel. La propriété sera seule représentée, ses mandataires seront riches, puisqu'ils paieront des contributions foncières, et qu'ils seront en état de supporter sans salaire les charges de leurs honorables fonctions.

Amende-
mens.

La querelle de l'extension des amendemens ne fit que continuer à alimenter les conversations de salons et les débats de la chambre des pairs. — Tout le monde eut raison à cet égard ; car, sans doute, la chambre des députés n'a pas le droit de changer une loi proposée par le roi, mais elle peut proposer des améliorations ; et tant que le droit positif ne sera pas établi ; tant qu'on n'aura pas décidé ce que c'est qu'un amendement, et tant que les ministres ne réclameront pas les droits du monarque à cet égard, personne n'a le droit d'en faire un crime à la chambre des députés. — Cependant il est vrai que l'habitude de substituer une loi nouvelle à une proposition de loi seroit abusive : mais le temps et l'usage fixeront les droits de chacun, si bientôt des réglemens particuliers ne font pas loi à cet égard. — Jusque-là reconnoissons-nous dépendans de notre situation actuelle, et ne regardons pas comme de la malveillance des discussions qui ne proviennent en grande partie que d'une incroyable réunion de difficultés.

Nous commençons un gouvernement ; rien n'est établi par une marche déjà tracée, par une durée qui serve de leçon, et l'on voudroit que tout fût réglé, que tout fût inaltérable : il faut se connoître ; il ne faut pas exiger, dès notre premier pas dans la carrière d'une liberté modérée, une consolidation, un accord qu'il n'est jamais de l'essence d'un gouvernement représentatif, même complet, d'établir invariablement. — Si l'on n'admet par la suite des temps, ni divergence dans les idées, ni discussions même assez vives produites par des intérêts différens, il vaut mieux dès aujourd'hui renoncer au système représentatif. — Si de bonne foi nous l'adoptons, le ministère doit renoncer à sa tranquillité. — Bien certainement il doit s'attendre à se voir attaqué, dans quelque direction qu'il se dirige pour échapper à une censure quelconque : mais ici le ministère ne devroit-il pas bénir le ciel de trouver dans ceux qui le gênent, non comme autrefois, des ennemis artificieux de la prospérité royale, mais au contraire des hommes qui ne veulent que trop vivement peut-être la sûreté du roi et la gloire de sa maison ? Que deviendroit-il de nous, si dans nos assemblées délibérantes nous entendions sans cesse renouveler ces discours d'une fausse popularité, qui ne tendent qu'à réveiller dans toutes les classes des haines d'amour-propre et l'animosité des partis. — Le ministère seroit-il plus tranquille ? Non sans doute, et la sûreté de l'édifice en seroit bien autrement ébranlée.

Il faut sans doute que la loi des élections donne à la puissance royale une grande influence sur les élections ; je ne crois même pas qu'un ministère puisse abuser dans ce pays-ci, jusqu'à un certain point, des ressources que sa situation lui donneroit, et le mot corruption, que le parti anarchique anglais emploie toujours avec emphase pour motiver une réforme parlementaire, ne pourroit tourner, je pense, qu'au profit de la chose publique. — Lorsque des propriétaires sont à la tête de l'Etat, on peut les corrompre au point de les intéresser à l'existence en place de tels ou tels ministres ; mais on ne les corrompra pas au point de vouloir la ruine de leurs familles et la dissolution de la société. — Si les ministres anglais, malgré le nombre de leurs amis, sortoient des bornes de leurs attributions, ils se verroient abandonnés de tous. — La corruption consiste à dire à ceux que l'on oblige : « Soyez de mes amis, » si je me conduis bien. » — Il n'en étoit pas ainsi du temps de Buonaparte, qui disoit : « Je paie ; » faites ce que je veux. » Ainsi la corruption dont le ministère anglais se sert, est un moyen d'unité, est un moyen de faire le bien, mais ne seroit pour lui d'aucune ressource pour faire le mal. — Pense-t-on aujourd'hui qu'aucun ministère pût faire d'une chambre nouvelle absólument ce qui lui plairoit, quand même la loi des élections lui donneroit toute l'influence possible ? — Les propriétaires en France sont trop épars et trop indépendans, pour nommer comme leurs représentans des hommes qui ne leur seroient point agréables, et pour lesquels ils n'auroient pas une estime individuelle. — Je sais bien qu'il se trouveroit quelques exceptions ; mais elles seroient rares, et ce ne seroit pas d'elles que le ministère devroit attendre un appui certain ; si dans ses choix il ne suivoit pas lui-même la pente de l'opinion publique, c'est-à-dire celle des propriétaires intéressés immédiatement à la prospérité de l'Etat. — La chambre des représentans, tant que la génération actuelle des propriétaires qui ont vu la révolution existera, sera toujours libre et toujours opposée aux principes révolutionnaires, dont on a trop connu les funestes conséquences. Mais on peut d'autant plus se consoler de cette indépendance que la volonté royale a trop d'empire sur ceux que l'on cherche à dénigrer, pour qu'elle n'agît pas d'une manière très-efficace, si jamais elle croyoit de sa dignité ou de son intérêt de s'expliquer à cet égard.

Si je faisois une histoire de la session dernière, je n'aurois pas omis de parler de plusieurs autres légers symptômes de dissensions intestines dont on a eu soin de faire grand bruit. Il me suffit d'établir qu'elles ne sont d'aucune influence sur les destinées de notre patrie. Que quelques individus, par des motifs qui me sont étrangers, se harcèlent, se haïssent, et croient que chacun entre dans leurs petites passions, c'est ce qui n'intéresse que bien foiblement la masse de la nation, qui voit renaître les mœurs et la justice, et qui se contente de ce noble résultat; et sans m'inquiéter de troubles illusoires qui n'agitent vivement que quelques sociétés, je me repose avec confiance dans l'attitude imposante de la monarchie, et dans la bonne disposition des forces militaires qui l'environnent.

Je suis bien éloigné de ne pas être l'ami d'une liberté qui n'est que le respect des lois. Je crois que la liberté individuelle doit être limitée lors seulement de l'exigence des temps; je pense que la liberté de la presse est un fléau (1).

Liberté de l'argent. Quant à la liberté de l'argent, elle n'est ja-

---

(1) Je pense que la publication réelle des opinions des pairs et des députés pendant le cours des sessions suffit à la liberté qui convient à une monarchie continentale. Hors cela la liberté totale de la presse me semble présenter infiniment plus d'inconvéniens que d'avantage.

mais nuisible ; elle doit être totale. Tous les individus sont intéressés à son existence. Tous les
partis doivent s'entendre à cet égard. Royalistes,
républicains, philosophes, et même jacobins,
doivent s'unir, au moins pour cette fois, indisso-
lublement, dans la vue de s'opposer à l'empiétement que le gouvernement pourroit se permettre
sur les fortunes privées.

Je ne suis que par devoir et par l'empire des
temps partisan des gouvernemens à représentation
unique, auxquels je reconnois beaucoup d'inconvéniens ; mais parmi ses avantages je ne puis m'empêcher de placer d'abord celui de l'indépendance
invariable de la fortune des individus. Le gouvernement uni se trouve concentrer la toute-puissance ;
mais cette toute-puissance ne doit s'exercer que sur
la masse exclusivement. Il fait des lois, il détermine les impôts ; mais la répartition doit en être
générale. S'il en étoit autrement, si les trois pouvoirs s'entendoient pour le dépouillement des individus, il en naîtroit de nouveau la plus-véritable
tyrannie, c'est-à-dire abus de la puissance.

Dans la loi singulièrement épineuse du budget Budget.
de 1816, il ne se rencontre pas une disposition
entièrement contraire à ce principe ; mais la rigidité nécessaire sur ce point doit être proclamée
sans aucune réserve, et après avoir applaudi du

fond de mon cœur à l'action vigoureuse des trois pouvoirs dans la vue du maintien de la sûreté publique, je ne puis m'empêcher de blâmer la chambre des députés dans les actes émanés d'elle, et qui tendent à ne pas faire une justice complète aux créanciers de l'État, et à ne pas reconnoître leurs droits entiers, sauf à se conformer à la difficulté des temps pour l'époque de leur remboursement intégral.

On ne m'accusera, ni de philosophisme ni d'idéologie, et je me suis exprimé d'une manière assez favorable aux travaux de la chambre pour me croire autorisé à relever une erreur qui peut se réparer, et qui me semble contraire à la délicatesse de principes que sur toute autre matière elle a manifestée si hautement. Ce n'est pas payer ses dettes que les payer à demi, ou de mettre forcément ses créanciers dans la nécessité d'accepter des valeurs fort inférieures aux valeurs positives qui leur sont dues. En second lieu, les chambres qui fixent les impôts ne déterminent point la dette de l'État, et c'est la déterminer que se donner le droit de faire un retranchement avéré aux créances dues effectivement. La dette d'un État est ce qu'elle est. Rien ne peut la diminuer que la rectification des créances, qui appartient à des administrations et cours de justice chargées d'apurer les comptes

Dette
publique.

de l'Etat. Les chambres et le roi de concert ont le droit de répartir la dette publique, et chaque individu doit contribuer selon ses moyens à cette répartition; mais le gouvernement n'a pas le droit de s'attaquer à des particuliers, et de se rendre populaire à leurs dépens.

En matière de finances, l'expérience a prouvé que la plus mauvaise des opérations est l'attaque des biens particuliers. Cependant en France, la vieille coutume de faire rendre gorge aux traitans se renouvelle aux époques calamiteuses des finances; mais il ne faut pas s'y tromper : Sully, par ce mot, n'entendoit que faire justice. Il ne taxoit pas arbitrairement, comme on l'a fait depuis, les financiers qui n'avoient fait que de bonnes affaires ou qui n'avoient eu que du bonheur. C'est aux hommes du roi qu'il arrachoit des sommes volées. Il dépouilloit leurs comptes, malgré la puissance alors très-grande des gens de finance. Il fit rentrer dans les caisses du roi des sommes fort considérables pour le temps; mais il ne s'est vanté nulle part d'avoir ôté des gains légitimes à qui que ce fût. Cependant une fausse application de cet exemple a plusieurs fois produit des actes vexatoires qui n'ont jamais eu le crédit de rendre une bonne réputation à nos finances. En 1722, sous la régence du duc d'Orléans, une taxe arbitraire fut

Traitans.

répartie entre un certain nombre d'individus qui, pour quelques sacrifices individuels, surent s'exempter de cette mesure, et l'Etat n'en profita pas.

Fournis-
seurs.

Sous Buonaparte, de nouvelles vexations furent employées contre quelques hommes devenus riches au milieu d'un nombre d'autres qui s'étoient trouvés dupes de leurs transactions avec le gouvernement. La jalousie de voir s'élever quelques fortunes, et la basse cupidité de son conseil, l'engagèrent à faire arbitrairement jeter dans des prisons ceux dont il auroit eu toute raison devant les tribunaux, si ses prétentions eussent eu la moindre réalité. Ces deux époques de vexations particulières sont ce qu'il y a de plus honteux dans l'histoire de nos finances. Je ne prétends pas certainement assi-miler la loi du budget de 1816 à des mesures aussi contraires à l'honneur national ; mais cependant il faut convenir du fait, c'est que la perte qu'elle occasionne à ceux qui véritablement ont rempli des engagemens envers le gouvernement est beaucoup plus considérable que celle pro-duite sur d'autres individus par les exactions que je viens de signaler. Les fournisseurs réels, qui ne peuvent pas attendre cinq ans pour savoir comment ils seront payés un jour, puisqu'ils ont à solder les ouvriers sous leurs ordres, font donc une perte réelle de plus de quarante pour cent sur ce qu'ils ont fourni; ce qui sans doute est plus que le gain que dans aucun cas ils pouvoient espérer; et les conséquences d'une semblable réduction équivalent dans le cours des affaires à une diminution de moitié, tout au moins, dans le recouvrement qu'ils ont à faire de leurs créances. — Ces individus sont donc de fait plus maltraités que ceux à qui l'on a arraché de la manière la plus vexatoire la surabondance de leurs gains.

Je ne sais si tels ou tels individus méritent l'estime publique; je ne crois le contraire que lorsque j'en suis certain. — Ce qui m'a toujours frappé, c'est que lorsqu'on a voulu dépouiller des individus, on a toujours voulu les faire passer pour des hommes sans probité. Ici la question est oiseuse. On doit ou l'on ne doit pas. — Dans le premier cas, il n'importe nullement que le créancier soit ou ne soit pas un honnête homme. — Qu'un marchand soit envoyé aux galères, ne détruit pas mon obligation de payer les fournitures légales qu'il m'a faites, et je le paie non-seulement parce que j'y suis forcé, mais encore parce qu'il est de mon honneur, de mon intérêt et de ma jouissance d'être quitte envers qui que ce soit.

On a tort de croire qu'un État doit agir autre-

ment qu'un particulier à l'égard de ses créanciers.
Ici l'autorité des temps précédens vient à l'appui des idées nouvelles ; ce n'est donc pas le cas de les écarter. — L'Angleterre doit son crédit bien plus à la volonté d'être, quoiqu'il en coûte, juste envers ses créanciers, qu'à la situation de ses finances et à la puissance de ses moyens. — Une fois que l'Etat a fait une dépense, cette dernière dette est tout aussi sacrée que les premières dettes, et la totalité du peuple et de la fortune publique en devient responsable. Si l'on ne part pas de ce principe, on perd tout le grand avantage du système représentatif, en fait de finances, et il faut convenir qu'il offre des ressources d'argent bien plus puissantes que ne peut le faire un gouvernement purement monarchique : car dans celui-ci le monarque paroît être seul engagé ; au lieu que dans le gouvernement mixte la nation entière, conjointement avec le souverain, vient à l'appui de ses engagemens personnels, et se rend solidaire des charges que le gouvernement entier vient de s'imposer.

Se dessaisir dans le moment présent de cet avantage que donne la forme de notre gouvernement, est-ce une chose nécessaire ? est-ce une chose juste ? est-ce une chose sage ? Elle est injuste sans contestation ; elle est imprudente ;

puisque les avantages n'en sont pas assez grands pour contrebalancer le tort que produiroit le doute de la loyauté du gouvernement. Enfin, est-elle nécessaire ? — Quoique je ne sois pas financier, je vais tâcher de prouver que cette nécessité n'est pas absolue.

Par l'article 14 du titre I V il est statué que les créanciers de l'Etat peuvent échanger leur reconnoissance de liquidation contre des inscriptions du montant de leur valeur au grand-livre de la dette publique, mais que les créanciers qui préféreroient conserver l'intégrité de leurs droits seroient soldés suivant le mode qui seroit fixé dans la session de 1820. — On ne peut mettre en doute qu'il n'y ait ici force majeure à un grand nombre d'individus, de faire abandon de leurs espérances, et que leur ressource ne soit de se faire inscrire au grand-livre, afin d'être sûrs d'avoir moins de soixante pour cent de leurs créances, mais au moins de vivre et d'apaiser le mécontentement de leurs propres créanciers.—Je suppose que quelques individus plus entêtés ou plus riches se soient soumis à la forme lente qui rend le paiement de leurs créances entier, mais incertain, on ne peut nier qu'un bien petit nombre ne soit dans le cas de supporter cet état de non paiement. Ainsi donc une grande portion de la dette ar-

Créances
de l'Etat.

riériée va se trouver inscrite presqu'à la fois sur le grand-livre de la dette publique. — Or, si la loi sur le budget eût considéré comme un à-compte les valeurs qui vont être consolidées, l'émission de ces inscriptions n'eût guère été plus considérable; le moment présent n'eût pas été plus difficile à passer. — A l'époque de la session de 1820, on auroit pris des mesures pour la liquidation du reste de la dette arriérée; mais chaque créancier nanti des deux tiers effectifs de sa créance, en la supposant à ce taux, se seroit consolé du retard de son dernier paiement, en voyant ses droits reconnus, et que véritablement on étoit entré dans sa situation autant que les épreuves de l'adversité pouvoient le permettre au gouvernement. — Les dettes restantes dont l'Etat se seroit trouvé grevé, seulement après le terme fixé pour l'acquittement des créances étrangères, ne se seroient pas à cette époque trouvées trop au-dessus des ressources que présente la France, pour lui rendre nécessaire une mesure fausse, et qui dans le fait est un déni de justice.

Les Etats sont bien plus encore que les particuliers intéressés à remplir leurs engagemens. L'exemple en est palpable : que le banquier le mieux famé se trouve, proportionnellement à sa fortune, dans la situation d'argent où nous voyons l'Angleterre, sa banqueroute seroit inévitable. Un individu ne peut jamais inspirer la même confiance qu'un Etat de tout temps fidèle à sa parole, qu'un Etat décidé à regarder sa fortune, ses ports, ses mines, ses canaux, ses vaisseaux, comme la garantie de ses créanciers. — On considéroit autrefois l'or comme la richesse réelle; aujourd'hui la bonne foi de l'Angleterre l'a rendu sans influence; le commerce se fait, les échanges s'opèrent sans que l'or entre pour rien dans ces combinaisons, et la nation anglaise s'est créé par sa loyauté des valeurs que la monnoie métallique de l'Europe ne pourroit remplacer. On peut dire aujourd'hui que payer ses dettes c'est la fortune d'un Etat (1).

Je ne doute pas que dans les sessions prochaines les esprits ne reviennent sur une mesure qui n'a pas été suffisamment méditée, et sur laquelle je pense que le ministère auroit dû tenir bon. — Dans certaines occasions, il faut plus que de la discussion; il faut de la fermeté.

On a fait à la chambre des députés un autre

---

(1) Je sens bien que si l'Angleterre éprouvoit deux invasions subites d'un million de soldats, elle ne pourroit remplir ses engagemens actuels; mais je suis convaincu qu'elle se rapprocheroit autant que possible de ses anciens principes, et notre délicatesse doit être la même à cet égard.

8.

reproche, c'est d'avoir retiré des mains d'une partie de ses créanciers les hypothèques qu'ils avoient, dit-on, sur les bois du gouvernement. — D'abord je dois dire que ces bois ne servoient point d'hypothèques ; ils servoient de garantie, et voilà tout ; et pourvu que l'on donne de l'argent à la place d'une garantie, personne n'a le droit de se plaindre (1). — La vente des bois domaniaux avoit de graves inconvéniens ; elle n'auroit presque rien produit et auroit fait diminuer considérablement la valeur des biens-fonds. — Ici l'opposition, à la majorité de la chambre, me semble n'avoir pas agi sans un esprit de parti très-sensible ; c'étoit l'intérêt des créanciers de l'Etat qu'elle sembloit rechercher bien moins que la destruction de la dernière dépouille du clergé. — Ceci est un point de philosophie moderne sur lequel la secte ne lâchera pas pied facilement. — Je vais tâcher de débrouiller cette question délicate, parce qu'il seroit fort à souhaiter que l'on s'entendît là-dessus.

---

(1) Il ne faut pas pousser la délicatesse jusqu'à dire nous avons affecté quatre cent millions à tel service public. Les événemens ont diminué momentanément ces valeurs de moitié : mais nous avons promis de les vendre, et nous les vendrons à jour fixe ; il n'est jamais bien fait, politiquement parlant, de jeter deux cent millions dans la rivière, surtout quand on peut payer ses dettes d'une manière moins onéreuse.

Tout le monde est d'accord qu'il existe une religion; car ceux qui n'en veulent pas n'osent pas s'expliquer à cet égard. Ainsi les ministres de la religion sont regardés généralement comme des êtres nécessaires à l'humanité, qui dans leurs devoirs de prêtres ne peuvent être dépendans du pouvoir civil; ils ne peuvent donc être considérés comme des commis ou des préfets qui, payés directement par le gouvernement, sont, quoique dans des classes différentes, immédiatement sous ses ordres, et doivent être essentiellement obéissans. — Un parti désire avec acharnement que le clergé de France soit salarié, parce que dans la nécessité de reconnoître une religion, il la veut avec si peu de prépondérance, qu'elle ne puisse pas reprendre sur les peuples son légitime et salutaire empire. — En effet, que gagneroit-on à ne pas rendre le clergé possesseur? Ne seroit-on pas également obligé de le payer? Que ce soit du revenu des bois, ou que ce soit de l'argent tiré du trésor public, quelle différence cela pourroit-il produire dans les caisses de l'Etat? — D'ailleurs on a déjà oublié ce que l'on doit au clergé, et quels engagemens on a contractés vis-à-vis de lui. — Lorsqu'on a détruit les dîmes pour les donner à des individus, l'Etat, par principe d'économie apparemment, s'est chargé des frais du culte. — Lors de la prise de possession de tous les biens ecclésiastiques, l'Etat s'est engagé à payer une pension alimentaire à ceux que l'on dépossédoit. — Peu après on a considéré les ecclésiastiques comme des créanciers de l'Etat purs et simples, et l'on a vendu leurs biens d'une main, tandis que de l'autre on retranchoit leurs moyens d'existence. Aujourd'hui ces hommes dont on a voulu se défaire par la misère, voient leurs biens non vendus. — Ils sont encore presqu'à la mendicité, quoique sous le règne de la justice ! N'ont-ils pas le droit de dire au gouvernement : « Vous êtes devenu juste ; remplissez vos enga- » gemens envers nous. » — Si, comme on le prétend, les biens du clergé servent d'hypothèques, ne devroit-ce pas être à ceux qui l'ont livré sous une condition que l'on n'a pas accomplie ? — Mais je voudrois, non comme opinion, mais comme opération de finances, rapprocher les esprits, et voilà ce que j'ai pensé lors de la discussion sur la propriété du clergé.

Possessions du clergé.   Le clergé ne possédoit pas ses biens comme corporation ; il n'étoit que tuteur des établissemens religieux qu'il possédoit comme mineur.

— Quoique ces établissemens n'existent plus, pour la plupart, cependant les évêchés et les cures subsistent, et il est naturel de faire, s'il se

peut, une part favorable aux autorités ecclésiastiques qui sont indispensables, et qu'il est désirable
de voir se rétablir d'une manière permanente et
honorable. — Mais dans la quantité des bois ré-
clamés par les anciens droits du clergé, il existe
une telle division de propriété, qu'il seroit impossible de répartir entre chaque établissement
ecclésiastique une juste proportion de leurs revenus, surtout ces biens ne devant être gérés
que par les curés, évêques ou chapitres; car il ne
seroit pas admissible qu'une représentation
unique du clergé administrât ces biens, et en fît
une répartition générale. — Les droits du souverain ne permettent pas qu'une masse aussi
considérable de deniers s'administre à son insu;
et comme cela n'a jamais été, il est au moins
convenable de ne pas tolérer cette innovation.

D'un autre côté, par une loi précédente, ces Transaction
mêmes biens qui, par leur nature et leur situation, avec le
ne peuvent être divisés entre les établissemens clergé.
ecclésiastiques, ont été destinés à servir de garantie aux anciens engagemens du gouvernement. —
Ne pourroit-on pas allouer au clergé le montant
des valeurs qui proviendroient de la vente des
bois ? On l'inscriroit sur le grand livre de la dette
publique, et les fonds resteroient à la caisse d'a-
mortissement jusqu'à l'époque où, sans inconvé-

nient pour l'Etat, on pourroit remettre ces valeurs en circulation. Alors, de la vente des rentes cédées au clergé, on feroit successivement des acquisitions de biens convenables aux établissemens ecclésiastiques lorsque l'occasion s'en présenteroit et d'après des formes déterminées, et le clergé jouiroit déjà des mesures du gouvernement qui lui permettent de posséder. Tout se feroit par la caisse d'amortissement, jusqu'aux acquêts de dotation en faveur des établissemens. — Rien ne seroit onéreux au gouvernement dans cette transaction. On auroit fait droit aux créanciers de l'Etat, en vendant les biens du clergé; on auroit fait droit au clergé, en lui restituant des biens convertis dans une nature plus appropriée à son existence dans l'Etat, — Enfin, on ne feroit aucun tort à l'Etat, qui finalement paieroit de moins au clergé la valeur de ce qui lui seroit alloué par cette mesure.

Il me semble qu'il y auroit possibilité de réunir, non pas toutes les opinions, mais assez d'opinions en opérant d'après cet aperçu, pour qu'il devint la base d'un travail plus conforme à la justice pécuniaire que l'on doit à tout le monde.

Rapport sur le budget. Il a paru, vers la fin de la session dernière, une production remarquable par le bruit qu'elle a fait, et qui fera mieux sentir ce que j'ai dit précédemment sur l'influence des temps antécédens ; c'est que les plus honnêtes gens se sont imperceptiblement laissé envahir par les idées différentes, soit de despotisme, soit de philosophisme, qui naissoient successivement de la divergence de nos situations politiques. — La commission de la chambre des pairs, chargée de l'examen de la loi sur le budget, a fait un long préambule, indépendant de son travail, pour établir une doctrine toute nouvelle en fait de gouvernemens représentatifs, et dont j'avoue que j'ignorois l'existence. — On y pose comme un principe dérivant des institutions anciennes de la monarchie, que les ministres ne sont responsables que quand le roi ne veut plus d'eux, et lorsqu'il abandonne aux chambres l'examen de leur conduite; ensuite que les chambres qui ont le droit de voter l'impôt n'ont pas celui de demander aux ministres les comptes qui peuvent en déterminer la quotité.— J'avoue que cette manière d'envisager la responsabilité ministérielle me paroît être un produit tardif du temps libéral où Buonaparte payoit largement ses autorités délibérantes. — Quant à moi, je ne connois rien de plus contraire à l'esprit de la Charte constitutionnelle, telle que je la lis et telle que je la sens. — Je pensois que, lorsque le roi faisoit à ses sujets l'honneur de les appeler à partager avec lui le fardeau du gouvernement ; ce n'étoit point une affaire de forme pour obtenir leur assentiment à toutes les opérations du ministère ; mais que c'étoit une preuve de confiance, et qu'alors ses bons et loyaux sujets lui devoient, avant toute chose, l'expression de leurs véritables sentimens, indépendans de la direction précise que le ministère vouloit donner à leur réunion.

Une autre preuve de l'influence de l'esprit révolutionnaire, est cette manière d'envisager l'ancienne propriété du clergé. On prétend, dans ce rapport, que les anciennes communautés religieuses étant détruites, l'État s'est trouvé nanti, tout simplement parce qu'il ne se trouvoit pas de propriétaires. C'est, dit le rapport, le droit de déchéance qui fait le droit de propriété du gouvernement.

Nous avons cependant assez vécu pour savoir comment en France on a dépouillé tous les anciens propriétaires. On les a volés pour faire passer leurs biens en d'autres mains. — C'est particulièrement le clergé que le fanatisme anti-religieux avoit le plus à cœur d'anéantir, et c'est par sa destruction que la philosophie moderne a commencé ses irréparables ravages. — Reproduire aujourd'hui l'opinion que c'est par un droit simple et naturel que le gouvernement a usurpé la propriété des biens ecclésiastiques, quoique sans avoir rempli aucun de ses engagemens envers les titulaires, ou envers les créanciers de ces biens, est une opinion surannée et absurde autant qu'immorale.

Pour motiver cette assertion, on commence par affirmer que le clergé n'est pas propriétaire, et l'on en donne pour raison qu'il ne peut pas aliéner. D'abord le fait est faux : le clergé en corps avoit des dettes ; il faisoit des emprunts. Il a vendu dans certains temps, avec la sanction royale, pour subvenir aux emprunts de guerre, et particulièrement pendant les troubles civils de religion. — Le clergé, comme je l'ai déjà dit, étoit tuteur : mais supposons que le clergé n'eût pas de fait le droit d'aliéner, les évêchés et les cures qui possédoient des immeubles, en auroient-ils été moins propriétaires ? parce qu'un mineur ne peut aliéner, s'ensuit-il qu'il ne soit pas possesseur ? au contraire, l'impuissance d'aliéner est un accroissement de force donné à la propriété.

Toutes ces questions révolutionnaires sont nouvelles uniquement pour ceux qui n'ont pas vécu sous le bon temps du triomphe de l'immoralité. — Les avocats sans causes d'autrefois ne faisoient pas retentir les tribunes, et ne salissoient pas les journaux d'une autre espèce de doctrine, et ils nous conduisoient à nous laisser ravir tout ce qui n'étoit pas leur patrimoine , et à des erreurs bien plus funestes encore.

« C'est en vain (écrivoit M. de Calonne en 1790 , » *Etat de la France*) que des avocats éclairés , » mais accoutumés , comme tous ceux de leur » état, à rechercher et saisir trop facilement les » moyens de défendre de mauvaises causes , ont » employé toutes les subtilités de leur art pour » établir que l'Eglise ne possédoit pas proprié- » tairement. Enfin (dit-il plus loin) j'ai observé » précédemment qu'en réduisant même la pro- » priété réelle de l'Eglise à la simple jouissance » des ecclésiastiques , on est au moins forcé de » reconnoître une propriété usufruitière ; et que » cette espèce de propriété est comprise dans » l'inviolabilité que la justice, les cahiers et la » nouvelle constitution garantissent pour les pro- » priétés quelconques. »

Pour qu'on ne m'oppose pas les opinions po- litiques de M. de Calonne, je veux joindre à cette citation la phrase suivante d'un discours célèbre sur la propriété du clergé, prononcé le 10 août 1789 par M. l'abbé Syeyès.

« J'ai beaucoup entendu dire qu'il falloit bien » aussi que le clergé fît son offrande (on lui » prenoit ses biens) : j'avoue que les plaisante- » ries qui portent sur le foible dépouillé me

» paroissent cruelles. Je répondrai sérieusement
» que tous les sacrifices qui avoient été faits jus-
» que-là ne frappoient pas moins sur le clergé
» que sur la noblesse, et sur cette partie des
» communes qui possède des fiefs et des sei-
» gneuries. Le clergé perdoit même plus que les
» autres, puisque lui seul avoit des assemblées
» de corps et une administration particulière à
» sacrifier, etc. etc. » — C'est à l'occasion de ces
débats sur la propriété du clergé, que le même
orateur s'écrie : « Ils veulent être libres, ils ne
» savent pas être justes. »

Je cite ces autorités anciennes puisées à des
sources différentes, pour prouver qu'il existe dès
long-temps des opinions diverses sur la propriété
du clergé, et il ne faut pas, avec le rapport de
la commission, se récrier sur cette expression,
comme si réellement c'étoit la première fois
qu'on eût mis en avant la chose en question.

Le rapporteur de la commission, en examinant
la loi sur le budget, dit légèrement que l'on a rejeté six droits nouveaux, et il ne peut se refuser
à trouver qu'ils peuvent ne pas être sans inconvéniens. Sans doute les droits indirects sont les plus
légitimes à établir, ils offrent la ressource la moins
onéreuse pour la masse de la population ; mais ils
sont difficiles à établir. Leur perception paroît

Droits in-
directs.

vexatoire à ceux qui n'y sont pas faits. Si l'armée de commis qui existe en Angleterre paroissoit tout à coup dans nos départemens, sa première apparition y produiroit sans doute une sensation fâcheuse. Les représentans des départemens pouvoient connoître mieux que d'autres, jusqu'à quel point l'esprit public de leurs pays se prêteroit à cette épreuve nouvelle. Je crois que d'après les lumières qu'ils en reçurent à ce sujet, les ministres crurent devoir reculer l'adoption d'une mesure très-profitable en elle-même, mais hors de saison par la délicatesse des temps.

Cette ressource manquant au ministère, il étoit important que le déficit fût réparé (1). Nécessairement il devoit connoître des propositions qui furent faites par la commission en remplacement de ces impôts, et il est probable qu'avant l'adoption d'une marche nouvelle les ministres en ont eu connoissance, et ont en quelque sorte approuvé les changemens qui furent ensuite soumis à la chambre des députés. Ne pas entrer dans les difficultés des temps, aggraver toute la conduite

____

(1) La commission appella près d'elle, à diverses reprises, des députés des chambres de commerce. Le ministère fit lui-même plusieurs changemens à ses premières propositions, qui plusieurs fois, furent rejetés à l'unanimité. Les temps ne permettoient pas au ministère de travailler avec certitude ; c'est en partie ce qui a ralenti les travaux de la commission.

d'une assemblée sans convenir de la complication de ses travaux, sans y avoir égard, tandis qu'on la traite avec une aigreur irrespectueuse sur des points qui ne sont pas de la compétence d'une commission, c'est de la part de cette commission un manque de convenance qu'il appartient à un particulier de réfuter; car ici l'on se trouve d'individu à individu.

C'est à cette époque que les travaux des chambres ont été ajournés par le roi après six mois de constantes discussions, presque toutes de nature à intéresser la partie pensante de l'Etat. On se fait à Paris une illusion complète, lorsqu'on se figure que les discussions ou pour mieux dire les dissensions d'idées qui n'ont pas échappé aux regards des parties agissantes et des cercles de leurs sociétés, se sont perpétuées d'un bout à l'autre de la France avec une chaleur égale. Ceux qui, directement avec la capitale, ont eu des correspondances régulières, ont pu suivre la série de mal aise que le gouvernement ou pour mieux dire le ministère vient d'éprouver pendant la session de 1815 à 1816 : mais tout ce qui n'a connu que dans les journaux le détail des séances publiques de la chambre des députés n'a pu se former une idée précise de l'agitation que les discussions politiques ont produite dans les salons de la capitale. J'ai vu,

non ans étonnement, en province des hommes
fort au courant des journaux, ayant lu fort attentivement et avec fruit ces débats qui doivent intéresser tous les Français éclairés, et qui ne se dou-
toient pas de la désunion du ministère et de la
chambre que d'autres croyoient devoir bouleverser
l'Etat. Ils ont vu des discussions presque toujours
raisonnables sur des points délicats, et sur lesquels
l'esprit humain peut hésiter lorsqu'il est sans expérience. Moi-même j'ai relu de sang-froid plusieurs
discours des orateurs de cette époque, et j'avoue
que souvent j'ai perdu l'idée des deux partis que
cependant je connoissois fort bien. J'ai trouvé
constamment que des sentimens monarchiques
prédominoient dans l'assemblée : mais quel sera
le parti populaire d'aujourd'hui ? Sera-ce celui
qui se rapproche le plus des idées dites libérales,
ou celui qui veut plus essentiellement la monarchie ?
Il faut remarquer que ce n'est plus la classe fan-
geuse de la population qu'il faut consulter à cet
égard. L'opinion publique se trouve concentrée
par nos institutions dans une classe de propriétaires essentiellement amis de la tranquillité, dont
la partie la plus nombreuse encore n'a pas par-
tagé les erreurs de la révolution, et qui n'en veut
plus. Ce sont les bons bourgeois, qui n'ont jamais
rien demandé, rien obtenu du gouvernement,

qui ne veulent pas du bien d'autrui , mais qui veulent garder ce qu'ils en ont conservé. Ceux-là, qu'une longue expérience des tourmentes politiques a éclairés sur leurs propres intérêts et sur ceux de la patrie, se rattacheront toujours à ce qui clairement, précisément et sans nul doute veut l'honneur de la royauté et cette liberté publique qui l'accompagnera toujours lorsque l'État ne sera plus agité ; mais ils ne veulent pas que l'on bâtisse sur le sable : ils veulent un point assuré pour relever l'édifice de la monarchie tempérée qui pendant tant de siècles nous a fait honorablement porter le nom de Français.

Tout le monde est d'accord sur ce point ; c'est que toutes les institutions anciennes étant abolies, le gouvernement représentatif est ce qui convient le mieux à nos intérêts. La Constitution donnée par le roi devient le point central de notre prospérité : mais obtenir pour elle ce respect des peuples que le temps seul peut apporter aux ouvrages humains, c'est une prétention oiseuse et pédantesque. Voici ce que dit à ce sujet M. Ancillon, littérateur étranger, et très-éclairé sur notre révolution :

« C'est une folie commune de nos temps, et
» cependant bien funeste, que de croire qu'on
» peut faire une constitution comme on fait tout

Constitution moderne.

» autre ouvrage matériel ; qu'on peut à une époque
» donnée, à une heure déterminée se présenter
» avec une constitution nouvelle, et l'imposer à
» un peuple à qui on ne réussiroit pas de la sorte
» à faire adopter un nouveau costume national. »

Une œuvre quelconque faite avec rapidité se ressent toujours de son imperfection. Supposons qu'un mécanicien habile construise toutes les parties d'une machine compliquée : pourra-t-il se dire, j'assemblerai toutes ces pièces, et ma machine ira ? Non sans doute ; malgré la perfection humaine de toutes ces parties, leur assemblage veut du temps et du perfectionnement. Il faut augmenter les forces de quelques-unes, il faut adoucir l'énergie de quelques autres; et lorsque beaucoup de modifications ont mis de l'accord dans le mouvement général, son action est imparfaite. Si quelque matière adoucissante ne tempéroit encore la rudesse du frottement et le contact des corps solides, l'effet en seroit sans avantage. Mais je suppose que cette mécanique si compliquée, si profitable dans ses résultats, soit arrivée à son point de perfection qui la fera mouvoir ? Ne faut-il pas encore des bras exercés à la mettre en action ? il faut encore de l'expérience pour la rendre utile, sans quoi cette mine féconde ne seroit qu'un attirail onéreux.

Si l'on calculoit sur le papier la différence de l'état actuel du gouvernement avec l'ancien état de la France, on verroit au lieu d'une multitude de lois, d'usages, de coutumes, de valeurs diffé-tentes, une unité, une centralisation du pouvoir qui sans contredit rendroit notre état de choses actuel infiniment préferable : mais autrefois tout alloit par de vieilles habitudes; les droits des par-ticuliers, des villes, des communes, étoient acquis par une longue suite de respect. On a pu toucher à tout; il eût été plus difficile d'enfreindre des droits particuliers. Les autorités intermédiaires, formées par le temps, et la nécessité, avoient une surveillance plus utile que celle que peut avoir un pouvoir plus centralisé. Le vieux gouvernement, presqu'incompréhensible en théorie, avoit des avan-tages dans la pratique, parce qu'on étoit fait de longue main à la multitude de chartes qui rem-placent notre charte unique, et qu'il n'en existoit pas moins des droits qui n'étoient pas enfreints.

Il faut bien qu'il y ait eu quelque chose de bon dans l'ancienne monarchie, puisque des hommes indépendans, et je puis dire les plus éclairés de France, parlent encore de ce temps avec regret, quoique sans doute ils soient aussi loin que moi de prétendre à rétablir ses anciens usages. Dans un discours au roi, prononcé au nom de l'ordre des

De l'état ancien et de l'état actuel de la France.

Regrets de l'ancien temps.

avocats, le 18 mai 1814, l'orateur s'exprime ainsi :

« Enfin il est revenu le règne de la raison et de la
» justice. C'est Sire, c'est à ceux d'entre nous qui
» ont déjà vécu sous ces règnes bienfaisans, c'est
» à eux surtout qu'il appartenoit d'en retracer les
» douceurs ! aussi nos cœurs, nos pensées, tous
» nos vœux, tous nos désirs se reploient-ils sans
» cesse sur ces premières époques fortunées de
» notre carrière : nous la racontions à la jeunesse
» qui s'élève à nos côtés ; nous la rendions avide
» de ces temps qui n'étoient plus : cette jeunesse
» n'a plus rien à nous envier. Le père chéri des
» Français est venu s'asseoir au milieu de sa fa-
» mille. Le bonheur de toutes les générations est
» assuré. »

Ce discours, remarquable par son agrément, et
par des regrets sincères donnés à l'ancienne monarchie, l'est bien plus encore par la conduite si
noble de cette jeunesse que l'on rendoit avide des
temps qui n'étoient plus ; de ces jeunes élèves de
l'école de droit, qui plus tard ont donné un si
grand exemple de la loyauté de ces vieux temps
que leurs pères leur apprenoient à regretter. Ce
discours est une bien honorable prophétie.

Aujourd'hui, regretter l'ancienne monarchie, ce
n'est pas la vouloir, c'est désirer que l'ensemble
de notre gouvernement se dispose à prendre une

teinte ancienne en se modifiant par l'expérience, sans jamais se dénaturer. Mais des théories....... mille ans de théories ne feront pas un gouvernement suffisamment régularisé. C'est de la patience qu'il nous faut ! c'est à l'expérience d'achever le bien commencé ! Se faire dès aujourd'hui un calcul d'une perfection impossible, c'est empiéter sur le temps qui seul peut nous donner de la stabilité. En vouloir à ceux qui, faute d'une expérience assez consommée, auroient outre-passé le point juste de leurs attributions ; ne pas, dans ces temps de nouveauté, mettre leurs intentions à la place de leur inexpérience, et rétablir la confiance par une indulgence réciproque, au lieu de se désunir pour la fausse interprétation d'une syllabe, tout cela prouve l'enfance de notre législation représentative.

Mais, en ne considérant pas en détail les relations de la chambre des députés avec les ministres, on ne pourra nier qu'elle ne leur ait laissé, en se séparant, toute latitude pour faire le bien. Elle leur a rendu de cette vigueur qui ne pouvoit manquer d'aplanir toutes les difficultés que la nature des choses pouvoit encore offrir au gouvernement. Cependant les invectives contre elle n'ont fait que s'accroître depuis la fin de la session, et le reproche d'inconstitutionalité s'est multiplié depuis que la tribune a cessé de rappeler les esprits à des principes d'ordre et de stabilité.

Sur quoi se fonde cette accusation? Ce n'est pas sur les faits. Depuis la rentrée du roi à Paris, plusieurs ordonnances et presque toutes les propositions de lois étoient entièrement hors de la constitution, et la chambre n'a presque jamais eu à délibérer que sur des mesures inconstitutionnelles. La formation de la chambre des députés sur des bases nouvelles, la refonte de la chambre des pairs et la perpétuité de toutes les pairies, les propositions de lois sur les cris séditieux, sur la liberté individuelle, sur l'amnistie, sur les élections, forment une série d'infractions aux articles 4, 11, 27, 34, 36, 38, 62, et 63, de la Charte constitutionnelle.

La chambre des députés n'a pas pu de son côté ne pas travailler sur les bases que les ministres lui soumettoient, et elle a parfois ajouté des amendemens inconstitutionnels à des propositions hors de la constitution, sans qu'on puisse, sans doute, lui faire de justes reproches de ces infractions à la Charte, qui toutes, d'ailleurs, étoient nées de l'urgence des circonstances.

La chambre des députés n'a de son chef fait de propositions inconstitutionnelles que celle de retarder d'un an l'installation des juges; loi temporaire, et qu'un ministère, chargé d'un aussi lourd fardeau que celui de reconstituer tout ce qui tient aux tribunaux auroit dû, ce me semble, accueillir avec empressement ; d'autant plus, ce qu'on ignore en général, que ce qui ressort du ministère de la justice, depuis les offices supé-rieurs jusqu'aux emplois les plus subalternes, s'élève au nombre exorbitant d'environ soixante mille individus, suivant les relevés les plus cer-tains. — D'après cela, peut-on concevoir les reproches et l'exaspération que cette proposition venue de la chambre des députés a produits contre elle, lorsque les chambres sanctionnoient, et avec toute raison, à mon sens, les propositions de lois les plus manifestement contraires au texte de la Charte constitutionnelle, mais nécessaires à l'état de la France.

Un autre grief est le prétendu projet de s'em-parer de l'initiative de la proposition des lois dont j'ai parlé précédemment : mais ici rien n'est inconstitutionnel. — L'article 46 de la Charte (1) porte que les amendemens aux lois faites ne peuvent venir que de l'autorité royale ; quant aux amendemens à la proposition des lois, la

____

(1) Il est beau de rappeler au lecteur l'article 46 de la Charte constitutionnelle. — « Aucun amendement ne peut être fait à une loi, s'il n'a été proposé en comité par le roi, et s'il n'a été envoyé et discuté dans les bureaux. » — Il est clair que cet article regarde les lois déjà faites, et nullement les propositions de loi.

Charte ne s'explique pas à ce sujet, et elle a raison, parce que le ministère ne devroit jamais être dans l'embarras à cet égard. — S'il trouve que les chambres altèrent le texte de la loi jusqu'au point d'en faire une loi nouvelle, il peut la retirer et la reproduire avec des termes qui conviennent mieux au respect dû à l'autorité royale. Cependant les discussions ont éclairé le ministère sur les détails de la loi bien plus que n'auroit pu faire un rejet pur et simple. — Ceci est un point essentiel du mécanisme du gouvernement représentatif. — Les pouvoirs sont toujours prêts à anticiper les uns sur les autres; c'est à eux de ne pas souffrir cet empiétement, et un ministère fait de plus longue main à ce mécanisme, et qui ne sera pressé par le temps et les événemens, comme dans la session dernière, ne pourra réellement craindre sous ce rapport aucune infraction aux droits de l'autorité royale qui lui seroient confiés. — Quant au retard occasionné par une circonstance particulière, il faut se rappeler que les formes du gouvernement représentatif sont lentes de leur nature; mais comme le résultat en est plus durable, le retard de la confection d'une loi ne doit point entrer dans le calcul d'un ministère qui travaille, non-seulement pour le temps présent, mais pour les siècles qui succéderont au nôtre.

Ainsi donc, en recherchant la cause de cette prétendue inconstitutionalité de la chambre des députés (qui d'ailleurs ne fait aucun acte par elle seule), on la trouvera uniquement dans l'esprit de cette classe d'individus, plus ou moins à découvert, qui menaçoit naguère le peuple égaré du renouvellement de la dîme et des droits féodaux ; et d'honnêtes gens, étourdis de cette criaillerie d'hommes effrayés d'entendre quelques mots d'une saine morale, se sont habitués à regarder comme effectivement coupables de cette inculpation une réunion de députés libres, sujets fidèles et dévoués, et qui n'ont eu d'autres torts que de rappeler trop vivement à l'ordre et au véritable amour de la patrie ceux que les temps avoient privés de tout respect humain.

Cependant, malgré tous les périls poétiques de la monarchie, lorsqu'on les calcule matériellement, on la trouvera si fortement établie, que les divisions d'opinion ne doivent plus effrayer sur son avenir. — La fièvre chaude de la révolution, suivie de l'accablante tyrannie de Buonaparte, ont privé la France de cette force qui reconstitue un peuple en un périlleux état d'effervescence ; et quelque dangereux qu'il soit de remuer la boue de la révolution, je crois que le bon esprit de la nation française la tirera des dangers vers lesquels des intérêts particuliers pourroient encore l'entraîner.

Enfin, après avoir blâmé avec hardiesse peut-être, mais avec sincérité, il est juste de me rendre justice, et de reconnoître quelle influence peut avoir agi sur ma partialité. — Elevé au milieu de la révolution, j'ai senti trop vivement peut-être le danger de ses préceptes populaires. J'ai, malgré moi, passé ma première jeunesse à étudier ce que les passions humaines ont de plus hideux et de plus excessif. — J'ai vu mon pays marcher chaque jour vers sa ruine et vers la perte de ses vertus et de son honneur. — J'ai vu ce qu'une funeste indulgence a produit d'erreurs et de crimes. — Enfin, j'ai vu mon roi se livrer à ses plus cruels ennemis. Ne valoit-il pas bien mieux mourir au milieu de ses plus fidèles sujets?